£11.95

CW01658889

The Jason Quest

A pre-GCSE Latin reader

R C Bass

The Jason Quest

© R C Bass 2017

All rights reserved. Subject to the exception immediately following, this book may not be reproduced, in whole or in part, in any form, without written permission from the publisher.

The author has made an online version of this work available via email as a free pdf download under a Creative Commons Attribution-NonCommercial-Share Alike 3.0 Unported Licence. The terms of the licence can be viewed at http://creativecommons.org

ISBN: 978 0 9576725 2 9

Published by RCB Publications

Typeset by R C Bass

robertcharlesbass@gmail.com
http://www.rcbass.co.uk

Contents

SECTION TWO: MAJOR CONSTRUCTIONS

Introduction

This reader is a consolidation volume which originally led on from the three-part *Ab Initio/Latin Practice Exercises/Latin as an Honour* courses but which is equally suited to any pupils – either at the top end of their prep school or at pre-GCSE level at secondary school – who have recently covered the major grammatical constructions. It was originally published as *The Jason Story* in A5 format by the ISEB in 2006.

Its aim is to improve pupils' fluency in reading continuous Latin prose and their familiarity with the major constructions by the inclusion of these in a narrative context. The manageable size of each passage will hopefully allow some classroom time to be devoted to developing elegant translation techniques. The major constructions come thick and fast, and some of the Latin will be found challenging. The Latin-English sentences which follow each passage reinforce further the major constructions and the challenging English-Latin sentences are intended to stretch the more able. There is no grammatical progression.

The exercises in Section Two are intended to consolidate yet further the major constructions. For each construction there are four Latin-English exercises, progressively increasing in difficulty.

I am grateful to Jakob Berry, Miles Coates, Archie Gravell, Eleanor Shone, Fiona Stacey and Sophie Wyatt with whom I trialled the material in class in the summer term of 2004. I have taken the opportunity of this reincarnation to iron out some infelicities.

R C Bass
robertcharlesbass@gmail.com
www.rcbass.co.uk

Synopsis

After the death of Cretheus, King of Iolcus, Pelias, already an old man, deposes his half-brother Aeson, the rightful heir to the kingdom.

Aeson's wife, Polymele, gives birth to a baby son, Jason. The parents, fearful for the child's safety, pretend that he is stillborn and smuggle him away to Mount Pelion where he is brought up by a wise centaur, Chiron.

Jason eventually returns to Iolcus to reclaim from Pelias his rightful kingdom, but on the journey loses a sandal whilst helping an old woman across the River Anaurus. The woman turns out to be the goddess Hera. At Iolcus, Pelias, who has been warned by the gods that he will be killed by a man with one shoe, tricks Jason into promising that he will bring back to Greece a golden ram's fleece which is hanging from a tree in the kingdom of Colchis, on the far eastern edge of the Black Sea.

This golden fleece had belonged to a flying ram which had rescued Phrixus and his sister Helle from their murderous stepmother. During the escape, Helle had fallen off the ram's back and drowned in the waters of the straits later named the Hellespont in her memory. Phrixus and the ram arrived safely in Colchis, where they were welcomed by king Aeëtes. The ram was sacrificed and its fleece hung from a tree in a sacred wood, where it was guarded by a never-sleeping serpent.

Jason sends messengers throughout Greece appealing for help on what will be an epic adventure to the end of the world. He assembles a crew of about fifty heroes, some of whom are the children of gods. A shipwright, Argus, builds a ship for the voyage from the timbers of Mount Pelion. It is named the Argo, and those who sail on her the Argonauts.

The Argonauts have many adventures en route to Colchis. Once there, Jason performs the apparently impossible tasks set by king Aeëtes to obtain the fleece, thanks largely to the magical powers of Aeëtes' beautiful daughter Medea, who has fallen in love with him. Jason and Medea snatch the fleece and return with it to Greece, to reclaim the kingdom of Iolcus from Pelias. But they do not live happily ever after…

Chapter 1

Pelias kicks Aeson off the throne of Iolcus.
Aeson sends his son Jason away for safety.

1a Aeson rex Iolci erat. parvum filium, Iasonem nomine, habebat. olim Aeson, e regno a fratre malo Pelia expulsus, veritus ne filius interficeretur, eum rus misit ut a centauro sapienti Chirone tutus doceretur. Iason cum centauro ruri multos annos habitavit. multa didicit. tandem, a Chirone quid in Iolco multis antea annis accidisset certior factus, rure proficisci et ad Iolcum redire constituit ut patruum Peliam regnum sibi reddere iuberet.

2	regnum, -i n.	kingdom
3	expello, -ere, expuli,expulsum (3)	I drive out
	veritus, -a, -um	fearing
4	rus	to the country
	centaurus, -i m.	centaur
5	Chiron, Chironis m.	Chiron
	doceo, -ere, docui, doctum (2)	I teach
	ruri	in the country
6	disco, -ere, didici (3)	I learn
7	antea	before, previously
8	accidit	it happens
	certiorem facio	I inform
8	rure	from the country
9	patruus, -i m.	uncle
10	reddo, -ere (3)	I give back, return

1b 1. From the passage give an example of:
(a) a deponent verb;
(b) an imperfect subjunctive;
(c) a preposition followed by a noun in the accusative case;
(d) a reflexive pronoun.
2. Explain the meaning of the English word *propulsion* with reference to Latin.
3. **multos annos** (line 6). In which case is this expression? Why?
4. **accidisset** (line 8). In which mood is this verb? Why?
5. **iuberet** (line 10). Give the Latin object of this verb.

Vocabulary 1	
regnum, -i n.	kingdom
expello, -ere, expuli, expulsum (3)	I drive out
rus, ruris n.	country
doceo, -ere, docui, doctum (2)	I teach
disco, -ere, didici (3)	I learn
antea	before, previously
certiorem facio, -ere, feci, factum ($3^1/_2$)	I inform

1c 1. Iason iratus erat quod pater a patruo expulsus erat.
2. rex filium ex urbe misit ne ab hostibus caperetur.
3. puer timebat ne a patruo malo puniretur.
4. iuvenis nesciebat ea quae in regno patris facta essent.
5. Aeson centaurum rogavit ut filium doceret.

1d 1. The little boy was driven out by his uncle.
2. I am afraid that he may be killed.
3. I ordered the centaur to teach the boy.
4. He stayed in the country for a long time.
5. The centaur decided to inform the boy.

Chapter 2

On his way back to Iolcus Jason helps out an old woman at the River Anaurus.

2a iter longum erat. Iason tamen iuvenis validus erat. multos dies progressus ad ripam fluminis Anauri pervenit. ibi anum quandam sordidam prope ripam sedentem flentemque animadvertit. Iason ad anum appropinquavit et eam rogavit cur fleret. illa respondit: 'infirma sum. aqua huius fluminis tam alta est et tam celeriter fluit ut transire non possim. potesne tu mihi auxilium dare?' Iason cum anum in tergum suum libenter acceptam trans flumen celeriter tulisset, eam in ripa altera deposuit. dum tamen flumen transit, soleam amisit.

2	ripa, -ae f	bank (of river)
3	pervenio, -ire, -veni, -ventum (4)	I arrive at, reach
	anus, -us 4 f	old woman
	quidam, quaedam, quoddam	a certain
	sordidus, -a, -um	dirty
4	animadverto (3)	I notice
6	infirmus, -a, -um	feeble
7	fluo, -ere, fluxi, fluxum (3)	I flow
9	tergum, -i n	back
	libenter	willingly, gladly
11	alter, altera, alterum	the one, the other (of two)
	depono, -ere, deposui,	I put down
12	solea, -ae f.	sandal
	amitto, -ere, amisi, amissum (3)	I lose

2b 1. From the passage give an example of:
(a) a present participle;
(b) a past participle passive;
(c) a present infinitive active.
2. **iter** (line 1). Give the gender of this noun.
3. Explain what is meant by a *sedentary* job with reference to Latin.
4. **animadvertit** (line 4). Give the Latin object of this verb.
5. **fleret** (line 6). In which mood is this verb? Why?
6. **tulisset** (line 10). Give the tense and the 1st person singular, present indicative active of this verb.

Vocabulary 2	
pervenio, -ire, -veni, -ventum (4)	I arrive at
quidam, quaedam, quoddam	a certain
alter, altera, alterum	the other (of two)
depono, -ere, deposui, depositum (3)	I put down
amitto, -ere, amisi, amissum (3)	I lose

2c 1. iuvenis multos viros in ripa sedentes vidit.
2. mulierem rogavi cur ibi sederet.
3. anus tam tristis erat ut fleret.
4. flumen tam latum est ut transire non possimus.
5. anus iuvenem rogavit ut auxilium sibi daret.

2d 1. Old ladies are not strong.
2. I saw the boys crying.
3. I know why she is feeble.
4. I cannot cross this river.
5. I carried the girl across the road.

Chapter 3

The old woman gives Jason a surprise.

3a Iason et anus in ripa stabant. illa ei gratias egit. subito tamen anus altior et iunior videbatur. vestes eius non sordidae sed pulchrae iam erant. Iasoni illa 'ego,' inquit, 'sum Iuno, regina deorum. quod tu me iuvisti, Iason, ego tibi auxilium dabo.' haec verba locuta evanuit. haec miratus, Iason magnopere gaudebat. a flumine progressus ad regiam Peliae mox pervenit. Pelias, simulac hunc iuvenem soleam modo unam gerentem conspexit, sollicitus erat. dei enim Peliae nuntiaverant virum quendam, unam soleam gerentem, illum interfecturum esse. Pelias, hoc viro viso, et perterritus et iratus erat. iram tamen suam celare constituit.

1	anus, -us 4 f.	old woman
	ripa, -ae f.	bank (of river)
	gratias ago, -ere, egi, actum + dative (3)	I thank
2	iunior	younger
	videor, videri, visus (2)	I seem
3	vestes, -ium f.pl.	clothing
	sordidus, -a, -um	dirty
6	evanesco, -ere, evanui (3)	I disappear
7	miror, -ari, miratus (1)	I am amazed at
	gaudeo, -ere (2)	I am joyful
9	simulac	as soon as
	solea, -ae f.	sandal
	modo	only
10	gero, -ere, gessi, gestum (3)	I wear
14	celo, -are (1)	I hide

3b

1. From the passage give an example of:
   (a) a comparative adjective;
   (b) an ablative absolute;
   (c) a future infinitive active.
2. **Iason** (line 5). Give the case of this noun.
3. Explain the meaning of the English word *adjutant* with reference to Latin.
4. **iuvisti** (line 5). Give the person and the 1st person singular, present indicative active of this verb.
5. **locuta** (line 6). Give the 1st person singular, present indicative of this verb.
6. **interfecturum esse** (line 12). What part of the verb is this?

Vocabulary 3	
anus, -us 4 f.	old woman
ripa, -ae f.	bank (of a river)
gratias ago, agere, egi, actum + dative (3)	I thank
videor, videri, visus (2)	I seem
vestes, -ium f.pl.	clothing
miror, mirari, miratus (1)	I am amazed at
gaudeo, -ere (2)	I am joyful
simulac	as soon as
modo	only
celo, -are (1)	I hide

3c

1. dea auxilium iuveni dare constituit quod ille eam trans flumen tulerat.
2. Pelias sciebat se a viro unam soleam gerenti interfectum iri.
3. discipulus post murum se celavit ne a domino conspiceretur.
4. anus eum certiorem fecit se ipsam reginam deorum esse.
5. vestes quas anus gerebat non iam sordidae erant.

3d

1. Jason became stronger and more daring.
2. Having said this, the goddess departed.
3. The goddess said that she would give help to the young man.
4. The man went on from the river.
5. Pelias had heard that he would be killed by this man.

(this page is intentionally content free)

Chapter 4

Pelias tricks Jason.

4a Pelias, veritus ne hic vir sibi periculosus esset, eum rogavit quis esset et quid vellet. respondit Iason: 'ego Iason, filius Aesonis, sum. tu patrem meum e regno Iolco expulisti, Pelia. meum, non tuum, regnum est. ego rex esse debeo.' 'si rex fieri vis, Iason,' inquit Pelias, 'vir fortis et audax esse debes.' 'ego vir fortissimus et audacissimus sum,' respondit Iason. 'ut hoc probem, quidquid tu iubebis, illud ego faciam.' haec verba Peliae placuerunt. 'fer mihi vellus aureum,' inquit, 'deinde ego tibi hoc regnum tradam.' risit. sciebat enim Iasonem interfectum iri neque hoc opus confecturum esse.

1	veritus, -a, -um	fearing
	periculosus, -a, -um	dangerous
5	si	if
	fieri	to become
8	probo, -are (1)	I prove
	quidquid	whatever
9	placeo, -ere, placui + dative (2)	I please
	vellus, velleris n.	fleece
	aureus, -a, -um	golden
12	conficio, -ere, -feci, -fectum (3½)	I complete

4b 1. From the passage give an example of:
(a) a reflexive pronoun;
(b) a noun in the vocative case;
(c) a present infinitive active;
(d) a verb in the future tense;
(e) an imperative.
2. **esset** (line 2). In which mood is this verb? Why?
3. **vellet** (line 2). Why is this verb in the subjunctive mood?
4. **expulisti** (line 4). Give the 1st person singular, present indicative active of this verb.
5. **audacissimus** (line 7). Give the nominative masculine singular of the positive form of this adjective.

Vocabulary 4	
periculosus, -a, -um	dangerous
placeo, -ere, placui + dative (2)	I please
vellus, velleris n.	fleece
aureus, -a, -um	golden
conficio, -ere, -feci, -fectum (3½)	I complete

4c 1. Pelias timebat ne ab hoc iuvene occideretur.
2. iuvenis regi dixit cur venisset et quid vellet.
3. Iason dixit se ipsum rex esse debere.
4. rex iuveni imperavit ut vellus aureum ad Graeciam ferret.
5. ille sciebat hunc iuvenem hoc facere non posse.

4d 1. He was afraid that this would be dangerous.
2. They asked the man why he had come.
3. We ought to be brave and daring, friends!
4. Bring me food and wine, slaves!
5. He knew that he could not do this.

Chapter 5

Jason appeals for help. The heroes assemble.

5a Iason, e regia Peliae egressus, diu secum cogitavit. sciebat hoc opus difficillimum atque periculosissimum fore et timebat ne hoc facere solus non posset. ad omnes urbes Graeciae igitur nuntios misit qui haec verba nuntiarent: 'Iason ad finem orbis terrarum navigare parat ut vellus aureum ad Graeciam referat. iter longum erit. pericula multa erunt. praemium tamen magnum erit. si fortes estis, si audaces estis, si clari esse cupitis, cum Iasone proficiscimini!' hoc modo fortissimos Graecorum Iason arcessivit. plus quam quinquaginta Graeci clari ad portum Pagasas iter fecerunt. omnes promiserunt se, cum Iasone profectos, vellus aureum ad Graeciam relaturos esse.

2	cogito, -are (1)	I think
	atque	and
5	qui	to (in order to)
6	finis, -is m.	end
	orbs, orbis terrarum m.	the world
7	refero, referre, rettuli, relatum	I bring back
9	si	if
11	proficiscimini!	set out!
	modus, -i m.	way
12	arcesso, -ere, arcessivi, arcessitum (3)	I summon
14	promitto, -ere, promisi, promissum (3)	I promise

5b 1. From the passage give an example of:
(a) a superlative adjective;
(b) an imperfect subjunctive;
(c) a cardinal number.
2. **opus** (line 2). Give the gender of this noun.
3. Explain the meaning of the English word *itinerant* with reference to Latin.
4. **fore** (line 3). What part of what verb is this?
5. **posset** (line 4). Why is this verb in the subjunctive mood?
6. **vellus** (line 7). Give the case of this noun.
7. **referat** (line 7). Why is this verb in the subjunctive mood?

Vocabulary 5

cogito, -are (1)	I think
atque	and
finis, finis m.	end
refero, referre, rettuli, relatum	I bring back
si	if
modus, -i m.	way
arcesso, -ere, arcessivi, arcessitum (3)	I summon
promitto, -ere, promisi, promissum (3)	I promise

5c 1. nuntii missi sunt qui auxilium rogarent.
2. Graeci sciebant hoc iter longum futurum esse.
3. nuntii viros fortes hortatus est ut cum Iasone proficiscerentur.
4. nauta timebat ne multa pericula in itinere essent.
5. multi viri clari, verbis nuntiorum auditis, cum Iasone proficisci constituerunt.

5d 1. The girls went out of the palace.
2. They knew that this task was difficult.
3. Messengers were sent to all cities.
4. Many famous men came to the harbour.
5. I have come to travel with Jason.

Chapter 6

The Argonauts set off.

6a Iason interea multa parabat. amicum Argum rogavit ut navem, cui nomen 'Argo' dedit, aedificaret. ei qui in hac nave navigabant 'Argonautae' appellabantur. omnes heroes Graeci ad portum convenerant. omnia tandem parata erant. Iason ipse, ubi matri flenti valedixit, ad portum iit. ibi magnus numerus heroum convenerat. Iason Argonautas convocatos ut fortes audacesque essent hortatus, eis imperavit ut ducem sibi eligerent. omnium consensu ipse dux electus est. venti iam tam secundi erant ut Argonautae, deos precati sacrificiisque factis, e portu statim proficisci possent. cum mare serenum esset, ad insulam Lemnum mox pervenerunt Iason Argonautaeque.

3	appello, -are (1)	I call, name
4	heros, herois m.	hero
6	valedico, -ere, -dixi, -dictum (3)	I say goodbye
	numerus, -i m.	number
9	consensus, -us 4 m.	agreement
10	secundus, -a, -um	favourable
11	precor, -ari, precatus (1)	I pray
	sacrificium, -i n.	sacrifice
12	serenus, -a, -um	calm

6b 1. From the passage give an example of:
   (a) a deponent verb;
   (b) a reflexive pronoun;
   (c) a neuter noun;
   (d) a noun in the ablative singular;
   (e) an ablative absolute.
2. **cui** (line 2). In which case is this pronoun?
3. Explain the meaning of the English word *edifice* with reference to Latin.
4. **aedificaret** (line 2). Why is this verb in the subjunctive mood?
5. **ut... possent** (lines 10-12). Name this construction.
6. **portu** (line 11). In which case is this noun?

Vocabulary 6	
appello, -are (1)	I call, name
numerus, -i m.	number
precor, precari, precatus (1)	I pray to
sacrificium, -i n.	sacrifice

6c 1. Iason amicos rogabit ut auxilium sibi dent.
2. iuvenis navem ‘Argo’ appellare constituit.
3. venti tam saevi erant ut multae naves deletae sint.
4. prima luce e portu profectae, naves ad insulam mox pervenerunt.
5. omnibus paratis, Graeci profecti sunt ut vellus aureum referrent.

6d 1. I asked the soldiers to build a wall.
2. She encouraged the men to be brave.
3. The wind is so strong that we cannot depart.
4. We set out from the city immediately.
5. He soon arrived at the island.

Chapter 7

There have been strange goings-on on Lemnos, but Queen Hypsipyle welcomes the Argonauts.

7a omnes viri qui in hac insula habitabant, quod uxores suas non amabant, novas coniuges ceperunt. uxores iratissimae igitur omnes maritos nuper occiderant. iam nulli viri in insula habitabant. mulieres, ubi Argonautas appropinquantes viderunt, timebant ne ab illis punirentur. Argonautae autem quid in insula nuper accidisset nesciebant. regina insulae, Hypsipyle nomine, Iasoni falsa dixit: eum certiorem fecit omnes viros ab insula non invitos discessisse. deinde, cum illa ceteris feminis persuasisset ut cibum vinumque Argonautis darent, Iasonem Argonautasque rogavit ut in insula secum complures dies manerent. hi Graeci tam pulchri erant ut multae feminarum eos amaverint.

4	maritus, -i m.	husband
	nuper	recently
8	accidit	it happens/happened
9	falsus, -a, -um	false
10	invitus, -a, -um	unwilling
14	complures	several
15	pulcher, pulchra, pulchrum	handsome

7b 1. From the passage give an example of:
(a) a superlative adjective;
(b) an adverb;
(c) a present participle;
(d) a pluperfect subjunctive;
(e) a perfect infinitive active.
2. **punirentur** (line 7). Why is this verb in the subjunctive mood?
3. **accidisset** (line 8). Why is this verb in the subjunctive mood?
4. Explain the meaning of the English word *punitive* with reference to Latin.
5. **darent** (line 13). Why is this verb in the subjunctive mood?
6. **amaverint** (line 16). Why is this verb in the subjunctive mood?

Vocabulary 7	
maritus, -i m.	husband
nuper	recently
accidit	it happens/happened
falsus, -a, -um	false
invitus, -a, -um	unwillingly(ly)
complures	several

7c 1. mulieres credebant se a Graecis punitum iri.
2. regina insulae Iasoni persuasit ut secum diu maneret.
3. Iason nesciebat has mulieres coniuges suos nuper occidisse.
4. mulieres, coniugibus suis occisis, in insula solae habitabant.
5. Graeci has mulieres adeo amabant ut cum eis multos dies manserint.

7d 1. The woman had recently killed her husband.
2. The queen saw the Greek man approaching.
3. We were afraid that we would be punished.
4. I informed him that everyone had died.
5. I persuaded the woman to give him some food.

Chapter 8

After an enjoyable stay the Argonauts reluctantly leave Lemnos.

8a non difficile feminis erat Argonautis persuadere ut secum unum annum manerent. Graeci quidem in insula diutius mansissent, nisi Hercules Argonautas convocatos his verbis reprehendisset: 'comites, cur hic tam diu manemus? num obliti estis quid facere debeamus? num velleris aurei obliti estis? ex hac insula statim discedamus!' Graeci, verbis Herculis auditis, quamquam mulieres huius insulae relinquere nolebant, ad litus tamen festinaverunt ut navem pararent. mulieres, ubi cognoverunt quid facerent Argonautae, tam sollicitae erant ut ad litus quam celerrime festinaverint ut eis ne discederent persuaderent. frustra tamen. Argonautae, cum mulieribus Lemniis valedixerunt, tristes profecti sunt.

3	quidem	indeed
	diutius	longer
	mansissent	(they) would have
	nisi	if... not...
5	reprehendisset	(he) had told off
6	obliviscor, -sci, oblitus (3) + gen.	I forget
13	sollicitus, -a, -um	worried
	quam celerrime	as quickly as possible
16	valedico, -ere, -dixi, -dictum (3)	I say goodbye to

8b 1. From the passage give an example of:
(a) a present subjunctive;
(b) an ablative absolute;
(c) a present infinitive active;
(d) an indirect question;
(e) a perfect subjunctive.
2. **manerent** (line 2). In which mood is this verb?
3. Explain the meaning of the English word
4. **litus** (line 10). Give the gender of this noun.
5. **eis** (line 14). Give the case of this pronoun.

Vocabulary 8	
quidem	indeed
nisi	unless, if...not...
obliviscor, oblivisci, oblitus (3) + genitive	I forget
quam celerrime	as quickly as possible
sollicitus, -a, -um	worried

8c 1. nisi hoc fecissem, magister me non punivisset.
2. dominus ancillas convocatas reprehendit.
3. oblitus sum quid hic faciam.
4. feminae viro persuaserunt ne discederet.
5. viri tam laeti erant ut in insula cum mulieribus diu manere vellent.

8d 1. It was not easy to do this.
2. The women persuaded the men to stay.
3. You (singular) know what you have to do.
4. We hurried to the beach to prepare our ships.
5. I did not want to leave the woman on that island.

Chapter 9

A tragic mistake in the land of the Doliones.

9a Argonautae ad terram Dolionum, quorum rex Cyzicus erat, pervenerunt. rex eis cibum vinumque dedit. illinc profecti, totum diem iter fecerunt Argonautae, sed illa nocte magna tempestas orta est. venti tam saevi erant ut Argo ad oram eandem repulsa sit. Doliones, Graecos piratas esse rati, armis captis eos aggressi sunt. diu et acriter pugnatum est. nox tam densa erat ut nemo videre poterat quid faceret. multi Doliones occisi sunt. Cyzicus ipse a Iasone forte interfectus est. prima luce omnia manifesta facta sunt. et Doliones et Argonautae maximo dolore affecti sunt. Cyzicus summis honoribus sepultus est. uxor tamen eius tam tristis erat ut se interfecerit.

3	illinc	from there
5	orior, oriri, ortus (4)	I arise
6	ora, -ae f.	shore
	idem, eadem, idem	the same
	repello, -ere, reppuli, repulsum (3)	I drive back
7	pirata, -ae m.	pirate
	reor, reri, ratus (2)	I think
8	aggredior, aggredi, aggressus (3½)	I attack (a person)
	acriter	fiercely
12	manifestus, -a, -um	clear, plain
13	dolor, doloris m.	grief, pain, sorrow
	afficio, -ere, affeci, affectum (3½)	I affect

14	summus, -a, -um	utmost, highest
	honor, honoris m.	honour
	sepelio, -ire, -ivi, sepultum (4)	I bury

9b 1. From the passage give an example of:
(a) a relative pronoun;
(b) a perfect subjunctive;
(c) an ablative absolute;
(d) an adverb;
(e) a present infinitive active.
2. **totum diem** (line 3). In which case is this
3. **illa nocte** (line 4). In which case is this
4. **dolore** (line 13). In which case is this noun?

Vocabulary 9	
orior, oriri, ortus (4)	I arise
ora, -ae f.	shore
reor, reri, ratus (2)	I think
aggredior, aggredi, aggressus (3½)	I attack
dolor, doloris m.	grief, pain, sorrow
summus, -a, -um	utmost, highest
honor, honoris m.	honour

9c 1. nautae profecti multos dies navigaverunt.
2. incolae rebantur Graecos hostes esse.
3. naves ad litus tempestate magna replusae sunt.
4. multos amicos in urbe heri forte conspexi.
5. Graeci nesciebant se amicos suos in proelio occidisse.

9d 1. The inhabitants gave him many gifts.
2. The wind was so savage that they were not able to sail.
3. The same men do not always like the same things.
4. We collected weapons and attacked.
5. The soldiers were so sad that they were crying.

Hylas

In a competition to see which Argonaut could row the longest Jason and Heracles emerged as finalists, but just as Jason fainted with exhaustion Heracles' oar snapped. The Argo put in at Cios where Heracles uprooted a fir tree from which to make a replacement. Back at the ship however he discovered that his armour-bearer Hylas had gone missing. Heracles went back to search for him, but the only clue to Hylas' whereabouts was a water jug abandoned at the edge of a pool. In fact the water nymphs who lived in this pool had fallen in love with Hylas as he bent over the water to fill his jug, and had drawn him down into the waters to live with them there. After some argument the Argonauts decided to leave Heracles to continue with what was to be a fruitless search, and they went on their way without him.

(this page is intentionally content free)

Chapter 10

Amycus, king of the Bebryces, gets a taste of his own medicine.

10a inde profecti Argonautae ad terram Bebrycum advenerunt. ibi Amycus regebat. ille vir superbissimus erat. omnes advenas secum pugnis pugnare iubere solebat, multosque iam interfecerat. inter Argonautas autem pugnator erat optimus, Polydeuces nomine. ille, vir summae virtutis, ratus se Amycum facile superaturum esse, ad regem progressus, 'ego,' inquit, 'te non timeo, Amyce! pugnemus!' pugnare inceperunt. Polydeuces pugnator tam bonus erat ut Amycum mox viceret; multisque vulneribus gravibus ei datis tandem, magno dextrae manus ictu, caput eius fregit. Amycus ad terram cecidit mortuus.

1	inde	then, from there
3	advena, -ae m.	stranger
	pugnus, -i m	fist
4	soleo, -ere (2)	I am accustomed
5	pugnator, -oris m.	fighter
11	gravis, -is, -e	serious, heavy
12	dexter, -tra, -trum	right
	ictus, -us m	blow, strike
	frango, -ere, fregi, fractum (3)	I break

10b 1. From the passage give an example of:
(a) a deponent verb;
(b) a pluperfect indicative active;
(c) a personal pronoun;
(d) an ablative absolute.
2. **optimus** (line 5). Give the positive and
3. **viceret** (line 10). In which mood is this verb?
4. Explain the meaning of the English word ***infraction*** with reference to Latin.
5. **ictu** (line 12). Give the case of this noun.

Vocabulary 10	
inde	then, from there
advena, -ae m.	stranger
soleo, -ere (2) + infinitive	I am accustomed, I usually (do something)
gravis, -is, -e	serious, heavy
frango, -ere, fregi, fractum (3)	I break

10c 1. navis profecta ad insulam pulchram advenit.
2. rex omnibus ut secum pugnarent imperabat.
3. rex credebat se numquam victurum iri.
4. Polydeuces dixit se Amycum superaturum esse.
5. Amycus, multa vulnera gravia passus, tandem

10d 1. Many strangers were forced to fight by Amycus.
2. Amycus defeated many men and killed them.
3. Polydeuces knew that he would not be beaten by Amycus.
4. The king received a serious wound and died.
5. No-one was a better fighter than Polydeuces.

At Salmydessus the Argonauts met the wretched prophet Phineus. He was continually tormented by monstrous birds called Harpies, who would steal or foul his food. The Harpies were driven away by two Argonauts who could fly – Zetes and Calaïs, children of the North Wind. In return Phineus told Jason how to guide the Argo safely between the Clashing Rocks at the entrance to the Bosphorus. Jason released a dove which passed between the rocks safely, but with the loss of some tail feathers. The Argo also passed through safely, though its stern ornament was damaged.

Chapter 11

Arrival at Colchis

11a plurimos dies Argonautae trans mare navigaverunt. multa monstra viderunt multaque pericula subierunt. tot mala passi, tam fessi erant ut paene desperarent. Iason autem, eis ut fortes essent neve desperarent hortatus, dixit illos iam paene ad finem itineris pervenisse. haud multo post, Graeci montes altos flumenque latum procul conspexerunt. navem in ripa fluminis clam posuerunt ne incolae huius terrae de eorum adventu cognoscerent. deinde e nave egressi, post tantos labores tam fessi erant ut, somno oppressi, totam noctem in ripa dormiverint. ad finem itineris tandem advenerant.

2	monstrum, -i n.	monster
3	subeo, -ire, -ii	I undergo
4	despero, -are (1)	I give up hope
5	neve	and not to
7	haud	not not (this is a stronger form of *non*)
8	procul	far off
9	clam	secretly
11	adventus, -us m.	arrival
13	opprimo, -ere, oppressi, oppressum (3)	I overwhelm

11b 1. From the passage give an example of:
(a) a deponent verb;
(b) a perfect subjunctive active;
(c) an adverb.
2. **plurimos** (line 1). Give the positive and
3. **mare** (line 1). Give the gender of this noun.
4. **posuerunt** (line 10). Give the Latin object of
5. **adventu** (line 11). Give the case of this noun.
6. **totam noctem** (line 13). In which case is this expression? Why?

Vocabulary 11	
procul	far off
adventus, -us m.	arrival
opprimo, -ere, oppressi, oppressum (3)	I overwhelm

11c 1. multos dies progressi ad insulam quandam advenimus.
2. Iason videre poterat comites suos fessos esse.
3. dux noster nobis imperavit ut fortes essemus neve desperaremus.
4. tam fessus eram ut diu dormire cuperem.
5. ei qui in insula habitabant nesciebant nos clam advenisse.

11d 1. Having seen many monsters, the sailors finally arrived at an island.
2. I was so tired that I was almost giving up hope.
3. Jason told us that we would soon reach the end of our journey.
4. The inhabitants did not know that the sailors had arrived.
5. When the sailors had caught sight of the high mountains they were very happy.

Chapter 12

Aeëtes sets a challenge.

12a postridie Iason, e ripa profectus, ad regiam regis Aeetis iit. eum rogare ut vellus aureum sibi traderet in animo habebat. Aeetes autem, cum audivisset quid vellet Iason, tam iratus factus est ut eum occidere constituerit. Iasoni 'si vellus aureum habere vis,' inquit, 'ego primo virtutem tuam experiar. si haec opera tria uno die conficere poteris, ego tibi vellus tradam. debes tauros meos duos, ignem exspirantes, domitos aratro iungere; deinde, agro arato, dentes draconis in terram iacere debes; postremo milites armati, humo surgentes, tibi occidendi sunt. his operibus uno die confectis, vellus tuum erit.'

1	postridie	on the next day
3	in animo habeo, -ere (2) + infinitive	I intend
7	primo	first
	experior, experiri, expertus (4)	I test
8	tria	three (n. pl.)
9	taurus, - i m.	bull
10	ignis, -is m.	fire
	exspiro, -are (1)	I breathe (out)
	domo, -are, domui, domitum (1)	I tame
	aratrum, -i n.	plough
	iungo, -ere, iunxi, iunctum (3)	I join
11	aro, -are (1)	I plough

	dens, dentis m.	tooth
	draco, -onis m.	dragon
12	postremo	finally
13	armatus, -a, -um	armed
	humo	from the earth
	occidendi sunt	must be killed

12b 1. From the passage give an example of:
(a) a pluperfect subjunctive active;
(b) a present participle;
(c) a conjunction.

2. **vellet** (line 4). Give the tense and mood of this verb. Why is this mood used?
3. **vis** (line 6). Give the 1st person singular, present indicative active of this verb.
4. **opera** (line 8). Give the case of this noun.
5. **uno die** (line 8). In which case is this expression? Why?

Vocabulary 12

postridie	on the next day
in animo habeo (2) + infinitive	I intend (to do something)
primo	first
ignis, -is m.	fire
postremo	finally
iungo, -ere, iunxi, iunctum (3)	I join
armatus, -a, -um	armed
domo, -are, domui, domitum (1)	I tame

12c

1. Iason regi ut vellus aureum sibi tradat imperabit.
2. incolae, cum audivissent cur Iason venisset, irati erant.
3. rex Iasoni imperavit ut duos tauros saevos domaret.
4. Iason sciebat vellus, tribus operibus confectis, suum fore.
5. Iason opera quam celerrime conficere in animo habebat.

12d

1. The girl, having set out from the town, went to her villa.
2. I intend to do this immediately.
3. She was so angry that she wanted to kill him.
4. The king decided to test the stranger.
5. He order him to kill the armed soldiers.

(this page is intentionally content free)

Chapter 13

Medea offers help.

13a quibus auditis Iason ad Argonautas rediit ut eis quid a rege facere iussus esset narraret. tristis erat. sciebat enim se haec tria opera uno die conficere non posse. Iason Argonautaeque tacebant. inter se spectabant. nesciebant quid facere deberent. vellus ad Graeciam referre cupiebant, sed sciebant opera a rege data difficillima atque periculosissima esse. dum de his rebus cogitant, inopinato advenit Medea, filia regis. illa, Iasone viso, statim amore capta erat et Graecis auxilium dare constituerat. Iason autem hoc nesciebat. Medeam rogavit cur venisset. 'pater meus perfidus est,' inquit. 'nescit me hic adesse. ego huc veni ut vos iuvem. multa de rebus magicis scio. auxilio meo opera regis facile conficietis.'

3	tria	three (n. pl.)
5	taceo, -ere, tacui (2)	I am silent
10	inopinato	unexpectedly
14	perfidus, -a, -um	treacherous
15	huc	(to) here
16	magicus, -a, -um	magical

13b 1. From the passage give an example of:
(a) an ablative absolute;
(b) a verb in the pluperfect tense;
(c) an adverb;
(d) a present infinitive active.
(e) a preposition followed by a noun in the
2. **narraret** (line 2). Why is this verb in the subjunctive mood?
3. **deberent** (line 6). Why is this verb in the subjunctive mood?
4. **vellus** (line 7). In which case is this noun?
5. **opera** (line 8). Give the case of this noun.
6. **auxilio** (line 16). Give the gender of this noun.

Vocabulary 13	
taceo, -ere, tacui (2)	I am silent
perfdus, -a, -um	treacherous
huc	(to) here

13c 1. Medea dixit se Graecis auxilium daturam esse.
2. Iason Argonautas certiores fecit quid rex dixisset.
3. rex nesciebat filiam suam Graecos iuvare velle.
4. hoc opus tam difficile est ut nesciam quid facere debeam.
5. Medea dixit Graecos suo auxilio opera regis facile confecturos esse.

13d 1. The leader told his friends what the king had said.
2. He knew that this task would be difficult.
3. When the king's daughter had caught sight of the leader of the Greeks, she liked him immediately.
4. The Greeks did not know what this woman wanted.
5. Medea said that she wanted to give help to the strangers.

Chapter 14

Jason completes the tasks, to the annoyance of King Aeëtes.

14a auxilio Medeae libenter accepto, Iason opera regis facile confecit. unguento magico protectus, duos tauros domuit, deinde dentes draconis seruit. humo milites armati statim surrexerunt. Iason saxum ingens in mediam turbam militum iecit. hi inter se pugnare statim inceperunt. Iason, militibus inter se pugnantibus visis, in eos ruit et gladio quam plurimos aggressus est. sole occidente miles ultimus occisus est. Iason omnia opera uno die confecerat. Aeëtes, ubi vidit Iasonem omnia opera tutum confecisse, tam iratus erat ut ad regiam celeriter regressus sit ut in animo volveret quid facere deberet: suspicabatur enim filiam suam auxilium huic advenae dedisse.

1	libenter	willingly, gladly
2	unguentum, -i n.	ointment
	magicus, -a, -um	magical
3	protego, -ere, -texi, -tectum	I protect
	dens, dentis m.	tooth
4	draco, draconis m.	dragon
	sero, -ere, serui, sertum (3)	I sow
	humo	from the ground
5	saxum, -i n	rock
8-9	quam + superlative	as... as possible
9	sol, solis m.	sun

	occido, -ere, occidi (3)	I set (of the sun)
10	ultimus, -a, -um	last
14	animus, -i m.	mind
	volvo, -ere, volvi, volutum (3)	I turn over, roll
15	suspicor, -ari, suspicatus (1)	I suspect

14b

1. From the passage give an example of:
   (a) a past participle passive;
   (b) a present participle;
   (c) a perfect subjunctive deponent;
   (d) a dative singular.
2. **surrexerunt** (line 5). Give the 1st person singular of the present indicative active of this verb.
3. **militum** (line 6). Give the case of this noun.
4. **omnia** (line 11). In which case is this adjective?
5. **volveret** (line 15). Why is this verb in the subjunctive mood?
6. **deberet** (line 15). Why is this verb in the subjunctive mood?
7. **dedisse** (line17). Give the Latin subject of this verb.

Vocabulary 14	
libenter	willingly, gladly
protego, -ere, -texi, -tectum (3)	I protect
sero, -ere, serui, sertum (3)	I sow
sol, solis m.	sun
occido, -ere, occidi (3)	I set (of the sun)
ultimus, -a, -um	last, final
quam + superlative	as ... as possible
animus, -i m.	mind

14c

1. Medea unguentum magicum Iasoni dedit ut corpus eius protegeret.
2. tauris domitis, Iason dentes draconis captas seruit.
3. Iason in medios milites ruit ut quam plurimos gladio occideret.
4. rex ad regiam rediit ut de operibus a Iasone confectis cogitaret.
5. rex et amici suspicabantur Graecos a Medea iutos esse.

14d

1. With the help of the girl the bulls were tamed by Jason.
2. When the teeth had been sown, an armed soldier rose up.
3. The soldiers fought among themselves. Many of them were killed.
4. When all the tasks had been completed by Jason, the king was angry.
5. The king was so angry that he did not want to hand over the fleece.

(this page is intentionally content free)

Chapter 15

The Argonauts escape with the fleece.

15a interea media nocte Medea Argonautas ad silvam sacram, ubi serpens vellus custodiebat, duxit. medicamento serpenti dato, Iason vellus de arbore detulit. vellere rapto, Graeci ad navem summa celeritate cucurrerunt ut statim proficiscerentur. sciebant enim Aeëtem, de vellere ablato certiorem factum, iratissimum fore seque interficere conatum iri. Medea Iasonem oravit ut se ad Graeciam secum duceret; fratrem suum Absyrtum quoque hortata est ut secum iter faceret. prima luce Argonautae, cum in navem ascendissent, profecti sunt. Aeëtes, cum cognovisset Graecos, vellere rapto, profectos esse, ira incensus, eos statim persequi constituit.

2	serpens, serpentis m.	snake
3	medicamentum, -i n.	drug
4	arbor, -oris f.	tree
	defero, -ferre, -tuli, -latum	I take down
5	rapio, -ere, rapui, raptum (3½)	I snatch
	celeritas, celeritatis f.	speed
7	aufero, auferre, abstuli, ablatum	I take away, carry off, steal
9	oro, -are (1)	I beg
13	ascendo, -ere, ascendi, ascensum (3)	I climb up

15	incendo, -ere, -cendi, -censum (3)	I set on fire, burn
16	persequor, -sequi, -secutus (3)	I chase, pursue

15b 1. From the passage give an example of:
(a) an imperfect subjunctive deponent;
(b) a future infinitive active.
2. **media nocte** (line 1). In what case is this
3. **vellus** (line 2). Give the case of this noun.
4. **summa celeritate** (line 5). In which case is this
5. **Aeëtem** (line 7). In which case is this noun? Why?
6. **faceret** (line 12). Why is this verb in the subjunctive mood?
7. Explain the meaning of the English word ***translucent*** with reference to Latin.

Vocabulary 15	
arbor, arboris f.	tree
rapio, -ere, rapui, raptum (3½)	I snatch
celeritas, celeritatis f.	speed
aufero, auferre, abstuli, ablatum	I take away, carry
oro, -are (1)	I beg
ascendo, -ere, ascendi, ascensum (3)	I climb up
incendo, -ere, incendi, incensum (3)	I set on fire, burn

15c 1. vellus aureum a serpente saevo in silva sacra custodiebatur.
2. cum statim proficisci vellent, Graeci ad navem celeriter festinaverunt.
3. Medea dixit se ad Graeciam cum Iasone redire velle.
4. Aeetes, ubi cognovit Iasonem iam profectum esse, eum statim persequi constituit.
5. Iason sciebat Aeetem iratum vellus sibi tradere nolle.

15d 1. The Greeks were led to the fleece by the king's daughter.
2. Jason gave a drug to the snake so that he would sleep.
3. Having taken the fleece down from the tree, they returned to the ship as quickly as possible.
4. The Greeks set out quickly so as not to be captured by the king.
5. Medea persuaded Absyrtus to depart with the Greeks.

Chapter 16

Medea commits a terrible crime.

16a Aeëtes Colchique e portu quam celerrime profecti sunt ut Graecos persequerentur. Medea, ubi vidit patrem suum militesque eius in navibus persequentes iam paene Graecos consecutos esse, verita ne ipsa caperetur, facinus crudelissimum admisit. fratrem suum Absyrtum ad se vocatum gladio suo occidit. tum partes corporis concisi in mare iecit ut Colchos persequentes retardaret. Aeëtes, cum vidisset filium suum a filia sua hoc modo crudelissimo occisum esse, morari coactus est ut partes corporis filii sui colligeret. dum ille hoc facit, Iason et Medea et Argonautae ad Graeciam tuti effugere poterant.

2	persequor, -sequi, -secutus (3)	I chase, pursue
5	consequor, -sequi, -secutus (3)	I catch up with
6	facinus, -oris n	(wicked) deed
	admitto, -ere, -misi, -missum (3)	I commit
8	concido, -ere, -cidi, -cisum (3)	I chop up
9	retardo, -are (1)	I slow (someone) down
11	moror, morari, moratus (1)	I delay

16b 1. From the passage give an example of:
   (a) a present participle
   (b) a superlative adjective
   (c) a reflexive pronoun
2. **facinus** (line 6). Give the case of this noun.
3. **iecit** (line 9). Give the Latin object of this verb.
4. **vidisset** (line 11). Why is this verb in the subjunctive mood?
5. Explain the meaning of the English word ***moratorium*** with reference to Latin.
6. **coactus est** (lines 12-13). Give the 1st person singular of the present indicative active of this verb.
7. **corporis** (line 13). Give the gender of this noun.
8. **colligeret** (line 13). Why is this verb in the subjunctive mood?

Vocabulary 16	
facinus, facinoris n.	(wicked) deed
admitto, -ere, -misi, -missum (3)	I commit (a crime)
moror, morari, moratus (1)	I delay

16c
1. Iason vidit regem persequentem paene Graecos consecutum esse.
2. facinus pessimum a filia regis admissum est.
3. Medea mulier tam crudelis erat ut fratrem suum occiderit.
4. Medea, cum corpus fratris concidisset, partes in aquam iecit.
5. femina crudelis sciebat patrem suum ut partes corporis filii colligeret moratum iri.

16d
1. Aeëtes saw that his daughter had committed a very cruel crime.
2. Aeëtes did not know that Medea was such a wicked woman.
3. Absyrtus was killed by his own sister, an evil woman.
4. Aeëtes wanted to take his son's body back to his homeland.
5. Having collected the bits of his son's body, Aeëtes returned.

The End of the Story

When Jason returned with the fleece Pelias refused to hand over the kingdom as he had promised. Medea transformed Jason's father Aeson into a young man by boiling him in a cauldron into which she had placed some magic herbs. She then persuaded Pelias' daughters to do the same to their father, but on this occasion she withheld her magic and Pelias died in agony.

Jason and Medea fled to Corinth, where Jason separated from Medea and married Glauce. Medea murdered Glauce and even the sons she had had by Jason, to punish him for abandoning her. She disappeared into the sky on a chariot drawn by twin dragons.

It was the Argo itself which was, ironically, the cause of Jason's eventual death. Whilst he was resting on the beach in its shade one day a piece of the ship fell off and killed him.

SECTION TWO: MAJOR CONSTRUCTIONS

Chapter 17: Purpose Clauses

17a

1. venit ut luderet.
2. huc veni ut amicos exspectem.
3. servi currebant ut effugerent.
4. puer festinabat ne videretur.
5. servi laborabant ne punirentur.
6. magister venit ut pueros doceret.
7. senex surrexit ut laboraret.
8. fortiter pugnavimus ne vinceremur.
9. ad urbem veni ut pecuniam peterem.
10. oppugnavimus ut urbem caperemus.

17b

1. hunc librum lego ut sapiens sim.
2. me hic celo ne a magistro videar.
3. puella in cubiculum iniit ut dormiret.
4. equi ad flumen venerunt ut aquam biberent.
5. nautae navem paraverunt ut mox proficiscerentur.
6. magister haec verba dixit ut discipuli riderent.
7. viri Romam venerunt ut templa spectarent.
8. ad urbem iimus ut reginam videremus.
9. milites scuta saepe ferunt ut corpora sua protegant.
10. hunc murum ascendo ut procul videre possim.

17c

1. milites arma rapuerunt ut contra hostes ruerent.
2. servi currebant ut ad urbem ante noctem pervenirent.
3. hic puer bene semper laborabat ut a magistro laudaretur.
4. pueri in villam ingressi sunt ut cibum consumerent vinumque biberent.
5. e portu statim profecti sumus ne ab hostibus opprimeremur.

17d

1. multi ad urbem venerunt ut templa deorum spectarent.
2. milites ad flumen celeriter pervenire cupiebant ut aquam biberent.
3. servi fortiter pugnabant ut dominum suum defenderent.
4. pueri bene semper laborabunt ut a magistris laudentur.
5. hic magister magna voce clamare semper debet ut ab omnibus pueris audiatur.

Chapter 18: Indirect Commands

18a
1. tibi impero ut hoc facias.
2. nobis imperavit ut taceremus.
3. eis persuadebo ut hoc faciant.
4. servos hortatus est ut laborarent.
5. pueros rogavit ne luderent.
6. vos moneo ne hoc faciatis.
7. te oro ut maneas.
8. militibus imperavit ut progrederentur.
9. pueris imperabo ut laborent.
10. nos monuit ut festinaremus.

18b
1. rex militibus imperavit ut oppidum statim oppugnarent.
2. magister pueros hortabatur ut bene scriberent.
3. puer patrem oravit ut in villa relinqueretur.
4. dominus servum rogavit ne hoc iterum faceret.
5. mulier ancillis imperavit ut cenam bonam pararent.
6. pater filio imperavit ne hoc faceret.
7. pueri magistrum oraverunt ne iterum cantaret.
8. pater pueris imperavit ut e lectis statim surgerent.
9. dux militibus mox imperabit ut flumen transeant.
10. pueros monui ne hunc murum ascenderent.

18c
1. dux hostibus imperavit ut se statim traderent.
2. mater pueros parvos monuit ne in media via luderent.
3. vir malus seni imperavit ut pecuniam sine mora traderet.
4. cives oppidi Romanos rogaverunt ut auxilium quam celerrime mitterent.
5. parentes filiis suis ut taceant saepe imperant.

18d

1. regina insulae iuvenes monuit ne tam superbi essent.
2. iuvenis servos monuit ut ex oppido statim effugerent.
3. dux bonus milites suos semper hortatur ut fortes sint.
4. hostes oravimus ne muros urbis nostrae incenderent.
5. uxores maritos suos saepe rogant ut pecuniam sibi dent.

Chapter 19: Consecutive Clauses

19a

1. tam celeriter currebat ut ceciderit.
2. tam sapiens sum ut omnia sciam.
3. tanta voce clamat ut omnes eum audire possint.
4. puella tam tristis est ut fleat.
5. hoc vinum tam bonum est ut id saepe bibamus.
6. nuntius tam celeriter iter fecit ut mox advenerit.
7. illa mulier totiens loquitur ut nemo eam audiat.
8. miles adeo iratus erat ut gladium suum fregerit.
9. lux tam clara erat ut videre non possem.
10. ille magister vinum totiens bibit ut ad terram saepe cadat.

19b

1. tot libros lego ut sapientissimus sim.
2. illa puella tam pulchra est ut eam saepe spectem.
3. ille vir tam dives erat ut magnopere gauderet.
4. milites tam fessi erant ut dormire vellent.
5. ego tam pulcher sum ut omnes puellae me ament.
6. nautae tam fessi erant ut in litore dormiverint.
7. tanta turba erat ut reginam videre non possemus.
8. hic senex tam vetus est ut ambulare non possit.
9. tempestas tam saeva erat ut naves ad terram pulsae sint.
10. dominus ancillam adeo amabat ut ei pecuniam saepe daret.

19c

1. illud flumen tantum erat ut transire non possemus.
2. tot tela ab hostibus iacta sunt ut multi nostrorum perierint.
3. milites hostes adeo timebant ut pugnare nollent.
4. servi tam celeriter cucurrerunt ut facile effugere possent.
5. ille miles tam fortiter pugnavit ut multos in illo proelio occiderit.

19d

1. pueri tam boni erant ut multa celeriter discerent.
2. illa arbor tam alta est ut nemo eam ascendere posset.
3. dominus meus tam crudelis est ut omnes eum timeamus.
4. illi discipuli tam mali erant ut a magistro expulsi sint.
5. vulnera huius militis tam gravia erant ut mox mortuus sit.

Chapter 20: Fear Clauses

20a

1. timeo ne hoc facere non possim.
2. servi timebant ne punirentur.
3. timebat ne occideretur.
4. timebam ne a domino viderer.
5. timebam ne amicus meus puniretur.
6. timemus ne magister veniat.
7. timebat ne verba mala dixisset.
8. vereor ne amicus meus hoc fecerit.
9. timemus ne illa arbor cadat.
10. timeo ne vulnerer.

20b

1. servus timebat ne caperetur.
2. discipuli verebantur ne magister clamaret.
3. timeo ne hoc flumen transire non possimus.
4. discipuli mali timebant ne a magistro crudeli conspicerentur.
5. vir dives timebat ne omnes divitias suas amitteret.
6. milites timebant ne ab hostibus opprimerentur.
7. Romani timebant ne socii mox non advenirent.
8. timebamus ne illa urbs a Romanis capta esset.
9. senex timebat ne hoc iter periculosum fore.
10. discipulus timebat ne magister iratus fieret.

20c

1. omnes discipuli timebant ne a magistro novo non amarentur.
2. nautae timebant ne navis tempestate deleretur.
3. cives timebant ne urbs ab hostibus mox oppugnaretur.
4. milites timebant ne hos montes ascendere non possent.
5. verita ne a domino puniretur, ancilla e villa cucurrit.

20d

1. dux timebat ne milites contra hostes in hoc proelio non bene pugnarent.
2. nuntii timebant ne pericula huius itineris magna futura esse.
3. socii Romanorum timebant ne hoc proelium saevissimum fore.
4. nauta timebat ne tempestas navem ad illud litus pelleret.
5. veriti ne a Romanis vincerentur, cives oppidum fortiter defenderunt.

Chapter 21: Indirect Questions

21a

1. nescio cur hoc feceris.
2. scio quis sis.
3. rogavi quid facerent.
4. sciunt quid faciant.
5. nescimus ubi habites.
6. nesciebam quo iremus.
7. quis scit quis regina huius terrae sit?
8. nescio cur viros mortuos semper laudemus.
9. nescimus cur magister haec dixerit.
10. hoc magister nescit quid faciat.

21b

1. dux nesciebat ubi copiae hostium essent.
2. nescio cur tot viri illam puellam ament.
3. scio cur huc veneris et quid velis.
4. nescio cur hic puer tam tristis videatur.
5. quis scit quae in animo habeant di?
6. dux videre poterat cur comites desperarent.
7. scisne cur ille senex hoc donum mihi dederit?
8. magister discipulos rogavit cur riderent et luderent.
9. dominus nescit cur illi servi tam mali sint.
10. dux militem rogavit quis gladium novum fregisset.

21c

1. nesciebamus cur naves e portu profectae essent.
2. dux nesciebat utrum urbem oppugnare deberet necne.
3. nemo scit cur tot gentes a Romanis victae sint.
4. discipuli nesciebant utrum ridere an flere deberent.
5. nuntium rogavimus quo iret et cur festinaret.

21d

1. mulier nesciebat cur filia in mediam viam cucurrisset.
2. mulierem rogavi cur maritum novum eligere vellet.
3. pater iratus filium malum rogavit cur hoc vinum bibisset.
4. servi amicos rogaverunt quo omnes festinarent.
5. cives advenam rogaverunt unde venisset, quo iret, quid vellet.

Chapter 22: Indirect Statements (present infinitive)

22a

1. scio me sapientem esse.
2. audivimus hostes appropinquare.
3. scimus hunc magistrum optimum esse.
4. sciebamus magistrum venire.
5. credo illum puerum sororem claram habere.
6. hic puer putat sororem suam malam esse.
7. credimus omnes magistros sapientes esse.
8. omnes scimus pueros bene laborare.
9. scio te bene scribere.
10. audio illum dominum saepe clamare.

22b

1. ille magister credit se sapientem esse.
2. illa puella scit se pulchram esse.
3. scimus illam mulierem vestes pulchras semper gerere.
4. vidimus omnes milites tela scutaque ferre.
5. milites animadverterunt omnes hostes arma non habere.
6. illa mulier saepe dicebat se pecuniam aurumque amare.
7. omnes sciunt Romanos pugnatores meliores quam Graecos esse.
8. ille vir dixit se fratrem claram habere.
9. sciebamus illam puellam bene cantare non posse.
10. discipuli audiverunt magistrum appropinquare.

22c

1. Graeci putabant se sapientiores quam alias gentes ssse.
2. multi putant omnes divites laetos esse.
3. Graeci sciebant se Romanos vincere posse.
4. dux vidit multos e suis telis hostium vulnerari.
5. ille magister magna voce clamabat se omnia scire.

22d

1. nautae viderunt multas naves in portum intrare.
2. pater vidit filium suum malum in summo muro stare.
3. dux nuntiavit se militesque oppidum statim capere cupere.
4. omnes servi putabant dominum suum crudelissimum esse.
5. nuntius civibus nuntiavit illam urbem ab hostibus facile capi.

Chapter 23: Indirect Statements (perfect infinitive)

23a

1. credo hunc senem librum longum scripsisse.
2. scio naves iam profectas esse.
3. scimus amicos meos advenisse.
4. puto me illud vinum iam bibisse.
5. nesciebam illum virum ducem clarum fuisse.
6. audio omnes servos effugisse.
7. scio te hoc fecisse.
8. sciebamus nautas iam discessisse.
9. parentes sciebant pueros malos fuisse.
10. audio illam anum tandem mortuam esse.

23b

1. scio hunc magistrum illos discipulos bene docuisse.
2. credo hunc servum multum pecuniae a domino accepisse.
3. cives audiverunt multos nautas mortuos esse.
4. puer dixit se pecuniam suam amisisse.
5. credo reginam hanc patriam bene rexisse.
6. scio hanc puellam ab illo magistro bene doctam esse.
7. audio hostes illam urbem cepisse.
8. omnes sciebamus illum virum patrem suum interfecisse.
9. servi audiverunt dominum suum mortuum esse.
10. magister sciebat illos discipulos bene laboravisse.

23c

1. vir dixit se puellam pulchriorem numquam vidisse.
2. iuvenis putavit se pecuniam suam in urbe illo die amisisse.
3. audio multas naves tempestate deletas esse.
4. sciebamus omnes naves e portu iam profectas esse.
5. dux sciebat omnes milites in illo proelio bene pugnavisse.

23d

1. nesciebam patrem meum hoc facinus admisisse.
2. discipuli sciebant se ab illo magistro bene doctos esse.
3. tandem cognovimus urbem ab hostibus captam esse.
4. dux clarus nuntiavit se multas urbes iam delevisse.
5. nuntius ducem certiorem fecit hostes urbem prima luce cepisse.

Chapter 24: Indirect Statements (future infinitive)

24a

1. spero nos hostes victuros esse.
2. senex sperabat se numquam iterum laboraturum esse.
3. puellae dixerunt se statim discessuras esse.
4. credimus puellas mox venturas esse.
5. puella dixit se festinaturam esse.
6. amicus meus dicit se domum cras rediturum esse.
7. scio me hoc opus facile confecturum esse.
8. milites sperabant se hostes mox victuros esse.
9. pueri dixerunt se statim surrecturos esse.
10. vir promisit amicum suum postridie venturum esse.

24b

1. ancillae dixerunt se cenam bonam paraturas esse.
2. poeta dixit se multos libros bonos scripturum esse.
3. servi sciebant hoc opus dificillimum futurum esse.
4. dux sciebat milites suos numquam desperaturos esse.
5. puella dixit se multum cibi consumpturam esse.
6. scio me clarum numquam fore.
7. servus dixit se hoc opus cras facere conaturum esse.
8. cives nuntiaverunt se oppidum fortiter defensuros esse.
9. nauta fessus dixit se bene dormiturum esse.
10. dominus crudelis dixit se hunc servum interfecturum esse.

24c

1. Romani credebant se a Graecis numquam victum iri.
2. magister sciebat hunc discipulum numquam bene laboraturum esse.
3. poeta amicis dixit se librum longum scripturum esse.
4. ancilla sciebat se hoc opus facile confecturam esse.
5. dux dixit se magnas copias statim collecturum esse.

24d

1. Romani nuntiaverunt se castra hostium postridie oppugnaturos esse.
2. filia dixit se auxilium matri libenter daturam esse.
3. magister crudelis parentibus nuntiavit se omnes discipulos puniturum esse.
4. Graeci sciebant se a Romanis paucis diebus victum iri.
5. discipuli sciebant illum magistrum hoc non facturum esse.

Major Constructions – a brief summary

PURPOSE CLAUSE	English:	in order to...
	Latin:	*ut* or *ne* + present/imperfect subjunctive
	e.g.	veni ut reginam viderem. *I came to see the queen.* currit ne capiatur. *He runs in order not to be caught.*
INDIRECT COMMAND	English:	asking, ordering, persuading someone to do something
	Latin:	*ut* or *ne* + present/imperfect subjunctive (the same as a purpose clause)
	e.g.	me rogavit ut venirem. *He asked me to come.* me rogavit ne venirem. *He asked me not to come.*
CONSECUTIVE CLAUSE	English:	so + adjective/adverb + that (= with the result that...)
	Latin:	*ut* or *ut non* + subjunctive matching English tense
	e.g.	tot libros legit ut sapientissimus sit. *He reads so many books that he is very wise.* tam pulchra erat ut omnes pueri eam amarent. *She was so beautiful that all the boys loved her.*
INDIRECT QUESTION	English:	knowing, saying, asking etc. + question word
	Latin:	question word + subjunctive
	e.g.	rogavi cur venisset. *I asked why he had come.* nescio utrum currat an ambulet. *I do not know whether he is running or walking.*
FEAR CLAUSE	English:	verb of fearing + that....
	Latin:	*timeo/vereor* + ne + subjunctive
	e.g.	timeo ne veniat. *I am afraid that he is coming.* timebam ne veniret. *I was afraid that he would/might come.*

***CUM* + subjunctive**	English:	when, while, since....
	Latin:	*cum* + subjunctive matching English tense
	e.g.	cum haec verba dixisset, discessit. *When he had said these words, he left.* cum curreret, celeriter advenit. *Since he was running he arrived quickly.*
INDIRECT STATEMENT (ACCUSATIVE AND INFINITIVE)	English:	'verb above the neck' + that...
	Latin:	*that* NOT expressed; subject of indirect statement is ACCUSATIVE, verb is INFINITIVE
	e.g.	sciebam puerum venire. *I knew that the boy was coming.* sciebam puerum venisse. *I knew that the boy had come.* sciebam puerum venturum esse. *I knew that the boy would come.*

Vocabulary: Latin-English

a/ab + ablative	*by, from*
ablat-	see *aufero*
abstul-	see *aufero*
absum, abesse, afui (irreg.)	*be away, be absent*
accidit	*it happens/happened*
accipio, -ere, accepi, acceptum 3½	*receive*
act-	see *ago*
ad + accusative	*to, towards*
adeo, adire, adii, aditum (irreg.)	*go towards*
adfu-	see *adsum*
admitto, -ere, admisi, admissum 3	*commit (a crime)*
adsum, adesse, adfui (irreg.)	*be present*
advena, -ae 1 f.	*stranger*
advenio, -ire, adveni, adventum 4	*arrive*
adventus, -us 4 m.	*arrival*
aedifico, -are, -avi, -atum 1	*build*
afu-	see *absum*
ager, agri 2 m.	*field*
aggredior, aggredi, aggressus 3½	*attack (a person)*
ago, -ere, egi, actum 3	*do*
gratias ago + dative	*thank*
agricola, -ae 1 m.	*farmer*
alius	*other*
alter, altera, alterum	*one (of two); the other (of two)*
altus, -a, -um	*high, deep*
ambulo, -are, -avi, -atum 1	*walk*
amicus, -i 2 m.	*friend*
amitto, -ere, amisi, amissum 3	*lose*
amo, -are, -avi, -atum 1	*like, love*
ancilla, -ae 1 f.	*maidservant*
animadverto, -ere, -verti, -versum 3	*notice*
animal, animalis 3 n.	*animal*
animus, -i 2 m.	*mind*
in animo habeo, -ere, habui 2	*intend*
annus, -i 2 m.	*year*
ante + accusative	*before* (preposition)
antea	*before, previously* (adverb)
antequam	*before* (conjunction)

anus, anus 4 f.	*old woman*
appello, -are, appellavi, appellatum 1	*name, call*
appropinquo, -are, -avi, -atum 1	*approach*
aqua, -ae 1 f.	*water*
arbor, arboris 3 f.	*tree*
arcesso, -ere, arcessivi, arcessitum 3	*summon*
arma, armorum 2 n. pl.	*arms, weapons*
armatus, -a, -um	*armed*
ascendo. –ere, ascendi, ascensum 3	*climb up*
atque	*and*
attonitus, -a, -um	*amazed*
audax, audacis	*bold, daring*
audio, -ire, -ivi, -itum 4	*hear, listen to*
aufero, auferre, abstuli, ablatum (irreg.)	*carry, take away*
aureus, -a, -um	*golden*
aurum, -i 2 n.	*gold*
aut	*or*
autem; tamen	*however*
auxilium, -i n.	*help* (noun)
bellum gero, -ere, gessi, gestum 3	*wage war*
bellum, -i 2 n.	*war*
bene	*well*
bibo, -ere, bibi 3	*drink*
bonus, -a, -um	*good*
cado, -ere, cecidi, casum 3	*fall*
caelum, -i 2 n.	*sky*
canto, -are, -avi, -atum 1	*sing*
capio, -ere, cepi, captum 3½	*take, capture*
caput, capitis 3 n.	*head*
carus, -a, -um	*dear*
celer, celeris, celere	*quick*
celeritas, celeritatis 3 f.	*speed*
celeriter	*quickly*
celo, -are, celavi, celatum 1	*hide*
cena, -ae 1 f.	*dinner*
centum	*hundred*
certiorem facio, -ere, feci, factum 3½	*inform*
ceteri, -ae, -a	*the rest of*
cibus, -i 2 m.	*food*
circum + accusative	*around*
civis, civis 3 m.	*citizen*
clamo, -are, -avi, -atum 1	*shout* (verb)

clamor, clamoris 3 m.	*shout* (noun)
clarus, -a, -um	*bright, clear, famous*
cogito, -are, cogitavi, cogitatum 1	*think*
cognosco, -ere, cognovi, cognitum 3	*find out*
cogo, -ere, coegi, coactum 3	*force*
colligo, -ere, collegi, collectum 3	*collect*
comes, comitis 3 m./f.	*companion*
complures	*several*
conficio, -ere, confeci, confectum 3½	*complete*
coniunx, coniugis 3 m./f.	*husband/wife*
conor, conari, conatus 1	*try*
conspicio, -ere, conspexi, conspectum 3½	*catch sight of*
constituo, -ere, constitui, constitutum 3	*decide*
consumo, -ere, consumpsi, consumptum 3	*eat*
contendo, -ere, contendi 3	*march, hurry*
contra + accusative	*against*
convenio, -ire, -veni, -ventum 4	*meet*
convoco, -are, -avi, -atum 1	*call together*
copiae, copiarum 1 f. pl.	*forces, troops*
corpus, corporis 3 n.	*body*
cras	*tomorrow*
credo, -ere, credidi + dative 3	*believe, trust*
crudelis, -is, -e	*cruel*
cubiculum, -i 2 n.	*bedroom*
cum + ablative	*with*
cum + subjunctive	*since, while, when*
cupio, -ere, cupivi, cupitum 3½	*desire, want*
cur?	*why?*
curo, -are, -avi, -atum 1	*look after*
curro, -ere, cucurri, cursum 3	*run*
custodio, -ire, custodivi, custoditum 4	*guard* (verb)
custos, custodis 3 m.	*guard* (noun)
de + ablative	*down from, about*
dea, -ae 1 f.	*goddess*
debeo, -ere, debui, debitum 2	*must, ought to, should, owe*
decem	*ten*
decimus, -a, -um	*tenth*
ded-	see *do*
defendo, -ere, defendi, defensum 3	*defend*
defero, deferre, detuli, delatum (irreg.)	*bring, take down*

deinde	*then, next*
delat-	see *defero*
deleo, -ere, delevi, deletum 2	*destroy*
dens, dentis 3 m.	*tooth*
depono, -ere, deposui, depositum 3	*put down*
despero, -are, -avi, -atum 1	*despair, give up hope*
deus, dei 2 m.	*god*
dico, -ere, dixi, dictum 3	*say*
didic-	see *disco*
dies, diei 5 m.	*day*
difficilis, -is, -e	*difficult*
discedo, -ere, discessi, discessum 3	*depart, leave*
discipulus, -i 2 m.	*pupil*
disco, -ere, didici 3	*learn*
diu	*for a long time*
dives, divitis	*rich*
divitiae, -arum 1 f. pl.	*riches, wealth*
dix-	see *dico*
do, dare, dedi, datum 1	*give*
doceo, -ere, docui, doctum 2	*teach*
dolor, doloris 3 m.	*grief, pain, sorrow*
dominus, -i 2 m.	*master*
domo, -are, domui, domitum 1	*tame*
domus, -us 4 f.	*home, house*
donum, -i 2 n.	*gift*
dormio, -ire, dormivi, dormitum 4	*sleep* (verb)
duco, -ere, duxi, ductum 3	*lead*
dum	*while*
duo	*two*
duodecim	*twelve*
duodeviginti	*eighteen*
dux-	see *duco*
dux, ducis 3 m.	*general, leader*
e/ex + ablative	*out of*
effugio, -ere, effugi 3½	*escape*
eg-	see *ago*
ego	*I*
egredior, egredi, egressus 3½	*leave, go out*
eligo, -ere, elegi, electum 3	*choose*
enim	*for*
eo, ire, ii/ivi, itum (irreg.)	*go*
equus, -i 2 m.	*horse*
erro, -are, -avi, -atum 1	*be wrong, wander*

esse	present infinitive of *sum*
et... et...	*both... and...*
et	*and*
etiam	*even, also*
exeo, exire, exii, exitum (irreg.)	*go out*
exercitus, -us 4 m.	*army*
expello, -ere, expuli, expulsum 3	*drive out*
experior, experiri, expertus 4	*test*
exspecto, -are, -avi, -atum 1	*wait for*
facile	*easily*
facilis, -is, -e	*easy*
facinus, facinoris 3 n.	*crime, wicked deed*
facio, -ere, feci, factum 3½	*do, make*
certiorem facio	*inform*
fact-	see *facio*
felix, felicis	*lucky, fortunate*
femina, -ae 1 f.	*woman*
fero, ferre, tuli, latum (irreg.)	*bring*
fessus, -a, -um	*tired*
festino, -are, -avi, -atum 1	*hurry*
fides, fidei 5 f.	*faith, promise*
fieri	present infinitive of *fio*
filia, -ae 1 f.	*daughter*
filius, -i 2 m.	*son*
finis, finis 3 m.	*end*
fio, fieri, factus (irreg.)	*become, happen*
fleo, -ere, flevi 2	*cry*
flumen, fluminis 3 n.	*river*
fore	(future infinitive of *sum*)
forte	*by chance*
fortis, -is, -e	*brave*
fortiter	*bravely*
frango, -ere, fregi, fractum 3	*break*
frater, fratris 3 m.	*brother*
freg-	see *frango*
frustra	*in vain*
fuga, -ae 1 f.	*escape*
fugio, -ere, fugi 3½	*flee*
futurus, -a, -um esse	(future infinitive of *sum*)

gaudeo, -ere 2	*be happy, rejoice*
gens, gentis 3 f.	*race, tribe*
gero, -ere, gessi, gestum 3	*wear; wage (a war)*
gladius, -i 2 m.	*sword*
Graecus, -a, -um	*Greek*
gratias ago, -ere, egi, actum + dative 3	*thank*
gravis, -is, -e	*serious*
habeo, -ere, habui, habitum 2	*have*
in animo habeo	*intend*
habito, -are, -avi, -atum 1	*live*
hasta, -ae 1 f.	*spear*
haud	*not at all*
heri	*yesterday*
hic	*here*
hic, haec, hoc	*this*
hodie	*today*
homo, hominis 3 m./f.	*person*
honor, honoris 3 m.	*honour*
hora, -ae 1 f.	*hour*
hortor, hortari, hortatus 1	*encourage*
hostes, hostium 3 m. pl.	*enemy*
huc	*(to) here*
i-	see *eo*
iacio, -ere, ieci, iactum 3½	*throw*
iam	*already, now*
ibi	*there*
idem, eadem, idem	*the same*
iec-	see *iacio*
igitur	*therefore*
ignis, ignis m.	*fire*
ille, illa, illud	*that*
impero, -are, -avi, -atum + dative 1	*order*
in + ablative	*in, on*
in + accusative	*into*
in animo habeo, -ere, habui, habitum 2	*intend*
incendo, -ere, incendi, incensum 3	*set fire to, burn*
incipio, -ere, incepi, inceptum 3½	*begin*
incola, -ae 1 m./f.	*inhabitant*
ineo, inire, inii, initum (irreg.)	*go in*
ingens, ingentis	*huge*
ingredior, ingredi, ingressus 3½	*go in*
inquit	*he/she said*

insula, -ae 1 f.	*island*
inter + accusative	*between, among*
interea	*meanwhile*
interficio, -ere, -feci, -fectum 3½	*kill*
intro, -are, -avi, -atum 1	*enter*
invenio, -ire, inveni, inventum 4	*find*
invitus, -a -um	*unwilling(ly)*
ipse, ipsa, ipsum	*-self*
ira, -ae 1 f.	*anger*
iratus, -a, -um	*angry*
is, ea, id	*he, she, it*
ita	*in such a way, thus*
itaque	*and so*
iter facio, -ere, feci, factum 3½	*travel*
iter, itineris 3 n.	*journey*
iterum	*again*
itiner-	see *iter*
iubeo, -ere, iussi, iussum 2	*order*
iungo, -ere, iunxi, iunctum 3	*join*
iuvenis, iuvenis 3 m.	*young man*
iuvo, -are, iuvi, iutum 1	*help* (verb)
labor, laboris 3 m.	*work, task* (noun)
laboro, -are, -avi, -atum 1	*work* (verb)
laetus, -a, -um	*happy*
lat-	see *fero*
laudo, -are, -avi, -atum 1	*praise*
lectus, -i 2 m.	*bed*
lego, -ere, legi, lectum 3	*read, choose*
lente	*slowly*
libenter	*gladly, willingly*
liber, libri 2 m.	*book*
libero, -are, -avi, -atum 1	*set free*
limen, liminis 3 n.	*doorway*
litus, litoris 3 n.	*shore*
locus, -i 2 m.	*place*
locut-	see *loquor*
longus, -a, -um	*long*
loquor, loqui, locutus 3	*speak*
ludo, -ere, lusi, lusum 3	*play*
lux, lucis 3 f.	*light*
magister, -tri 2 m.	*master, teacher*
magnopere	*greatly*

magnus, -a -um	*great, big*
maior, maioris	*bigger* (comparative of *magnus*)
malus, -a, -um	*bad, wicked*
maneo, -ere, mansi, mansum 2	*remain, stay*
manus, -us 4 f.	*hand*
mare, maris 3 n.	*sea*
maritus, -i 2 m.	*husband*
mater, matris 3 f.	*mother*
maximus, -a, -um	*very big, biggest* (superlative of *magnus*)
medicamentum, -i 2 n.	*drug*
medius, -a, -um	*middle of*
melior, melioris	*better* (comparative of *bonus*)
mendicus, -i 2 m.	*beggar*
meus, -a, -um	*my*
miles, militis 3 m.	*soldier*
mille	*thousand*
minimus, -a, -um	*very small, smallest* (superlative of *parvus*)
minor, minoris	*smaller* (comparative of *parvus*)
miror, mirari, miratus 1	*be amazed at*
mis-	see *mitto*
miser, -era, -erum	*wretched*
mitto, -ere, misi, missum 3	*send*
modo	*only*
modus, -i 2 m.	*way*
moneo, -ere, monui, monitum 2	*warn*
mons, montis 3 m.	*mountain*
monstrum, -i 2 n.	*monster*
mora, -ae 1 f.	*delay* (noun)
morior, mori, mortuus 3½	*die*
moror, morari, moratus 1	*delay* (verb)
mors, mortis 3 f.	*death*
mortuus, -a, -um	*dead*
moveo, -ere, movi, motum 2	*move*
mox	*soon*
mulier, mulieris 3 f.	*woman*
multi, multae, multa (plural)	*many*
multus, -a, -um	*much*
murus, -i 2 m.	*wall*

muto, -are, -avi, -atum 1	*change*
nam	*for*
narro, -are, -avi, -atum 1	*tell*
nauta, -ae 1 f.	*sailor*
navigo, -are, -avi, -atum 1	*sail*
navis, navis 3 f.	*ship*
ne	*in order not to* (purpose); *that* (fear)
-ne?	(open question)
nec	*and… not, nor*
neco, -are, -avi, -atum 1	*kill*
nemo	*no-one*
neque	*and... not, nor*
nescio, -ire, nescivi, nescitum 4	*not know*
nihil	*nothing*
nisi	*if… not…, unless*
nobilis, -is, -e	*noble*
noli, nolite + infinitive	*do not...!*
nolo, nolle, nolui (irreg.)	*not want*
nomen, nominis 3 n.	*name* (noun)
non	*not*
nonaginta	*ninety*
nonne...?	expects the answer *yes*
nonus, -a, -um	*ninth*
nos	*we*
noster, nostra, nostrum	*our*
notus, -a, -um	*well known*
novem	*nine*
novus, -a, -um	*new*
nox, noctis 3 f.	*night*
nullus, -a, -um	no
num	*whether* (indirect question)
num...?	(expects the answer *no)*
numerus, -i 2 m.	*number*
numquam	*never*
nunc	*now*
nuntio, -are, -avi, -atum 1	*announce*
nuntius, -i 2 m.	*messenger*
nuper	*recently*

obliviscor, oblivisci, oblitus + genitive 3	*forget*
occido, -ere, occidi, occasum 3	*set (of the sun)*
occupo, -are, -avi, -atum 1	*seize*
octavus, -a, -um	*eighth*
octo	*eight*
octoginta	*eighty*
olim	*once (upon a time)*
omnes	*everyone*
omnia	*everything*
omnis, -is, -e	*all*
oper-	see *opus*
oppidum, -i 2 n.	*town*
opprimo, -ere, oppressi, oppressum 3	*overwhelm*
oppugno, -are, -avi, -atum 1	*attack*
optimus, -a, -um	*very good, best* (superlative of *bonus*)
opus, operis 3 n.	*task*
ora, -ae 1 f.	*shore*
orior, oriri, ortus 4	*arise*
oro, -are, -avi, -atum 1	*beg*
ostendo, -ere, ostendi, ostentum 3	*show*
paene	*almost*
parens, parentis 3 m./f.	*parent*
paro, -are, -avi, -atum 1	*prepare*
pars, partis 3 f.	*part, bit*
parvus, -a, -um	*small, little*
pass-	see *patior*
pater, patris 3 m.	*father*
patior, pati, passus 3½	*suffer*
patria, -ae 1 f.	*country, homeland*
pauci, -ae, -a	*few*
pauper, pauperis	*poor*
pecunia, -ae 1 f.	*money*
peior, peioris	*worse* (comparative of *parvus*)
pello, -ere, pepuli, pulsum 3	*drive*
pepul-	see *pello*
per + accusative	*through, along*
pereo, perire, perii (irreg.)	*perish*
perfidus, -a, -um	*treacherous*
periculosus, -a, -um	*dangerous*
periculum, -i 2 n.	*danger*
persuadeo, -ere, persuasi + dative 2	*persuade*

perterritus, -a, -um	*frightened*
pervenio, -ire, perveni, perventum + ad + accusative (4)	*come to, reach*
pessimus, -a, -um	*very bad, worst* (superlative of *malus*)
peto, -ere, petivi, petitum 3	*seek, look for*
plurimus, -a -um	*very many* (superlative of *multus*)
plus, pluris	*more* (comparative of *multus*)
poeta, -ae 1 m.	*poet*
pono, -ere, posui, positum 3	*put*
porto, -are, -avi, -atum 1	*carry*
portus, -us 4 m.	*harbour*
possum, posse, potui (irreg.)	*be able*
post + accusative	*after* (preposition)
postea	*later*
postquam	*after* (conjunction)
postremo	*finally*
postridie	*on the next day*
posu-	see *pono*
potu-	see *possum*
praemium, -i 2 n.	*prize, reward*
precor, precari, precatus 1	*pray to*
primo	*at first*
primus, -a, -um	*first*
princeps, principis 3 m.	*chieftain*
pro + ablative	*for, on behalf of*
procul	*far off*
procus, -i 2 m.	*suitor*
proelium, -i 2 n.	*battle*
proficiscor, proficisci, profectus 3	*set out*
progredior, progredi, progressus 3½	*advance, go forward*
promitto, -ere, promisi, promissum 3	*promise*
prope + accusative	*near*
propter + accusative	*because of, on account of*
protego, -ere, protexi, protectum 3	*protect*
puella, -ae 1 f.	*girl*
puer, pueri 2 m.	*boy*
pugnator, pugnatoris 3 m.	*fighter*
pugno, -are, -avi, -atum 1	*fight*
pulcher, pulchra, pulchrum	*beautiful, handsome*
puls-	see *pello*

punio, -ire, -ivi, -itum 4	*punish*
puto, -are, -avi, -atum 1	*think*
quadraginta	*forty*
quam	*than*
quam + superlative	*as… as possible*
quam celerrime	*as quickly as possible*
quamquam	*although*
quartus, -a, -um	*fourth*
quattuor	*four*
quattuordecim	*fourteen*
-que	*and*
qui, quae, quod	*who, which*
quid?	*what?*
quidam, quaedam, quoddam	*a certain*
quidem	*indeed*
quindecim	*fifteen*
quinquaginta	*fifty*
quinque	*five*
quintus, -a, -um	*fifth*
quis?	*who?*
quo	*(to) where*
quod	*because*
quoque	*also*
rapio, -ere, rapui, raptum 3½	*snatch*
rat-	see *reor*
redeo, redire, redii, reditum (irreg.)	*go back, return*
reduco, -ere, reduxi, reductum 3	*lead back*
refero, referre, rettuli, relatum (irreg.)	*bring, carry, take back*
regia, -ae 1 f.	*palace*
regina, -ae 1 f.	*queen*
regnum, -i 2 n.	*kingdom*
rego, -ere, rexi, rectum 3	*rule*
regredior, regredi, regressus 3½	*go back, return*
relat-	see *refero*
relinquo, -ere, reliqui, relictum 3	*abandon, leave behind*
reor, reri, ratus 2	*think*
res, rei 5 f.	*thing, affair*
respondeo, -ere, respondi, responsum 2	*answer*
rettul-	see *refero*
re vera	*really*

rex, regis 3 m.	*king*
rideo, -ere, risi, risum 2	*laugh*
ripa, -ae 1 f.	*bank (of river)*
rogo, -are, -avi, -atum 1	*ask, ask for*
Romanus, -a, -um	*Roman*
ruo, -ere, rui, rutum 3	*charge*
rus, ruris 3 n.	*country(side)*
sacer, sacra, sacrum	*sacred*
sacrificium, -i 2 n.	*sacrifice*
saepe	*often*
saevus, -a, -um	*savage*
sagitta, -ae 1 f.	*arrow*
saluto, -are, -avi, -atum 1	*greet*
sapiens, sapientis	*wise*
scio, -ire, scivi, scitum 4	*know*
scribo, -ere, scripsi, scriptum 3	*write*
scutum, -i 2 n.	*shield*
se	*himself, herself, themselves*
secundus, -a, -um	*second*
secut-	see *sequor*
sed	*but*
sedecim	*sixteen*
sedeo, -ere, sedi, sessum 2	*sit*
semper	*always*
senex, senis 3 m.	*old man*
septem	*seven*
septendecim	*seventeen*
septimus, -a, -um	*seventh*
septuaginta	*seventy*
sequor, sequi, secutus 3	*follow*
sero, -ere, serui, sertum 3	*sow*
serpens, serpentis 3 m.	*snake*
servo, -are, -avi, -atum 1	*save*
servus, -i 2 m.	*slave*
sex	*six*
sexaginta	*sixty*
sextus, -a, -um	*sixth*
si	*if*
sic	*thus*
silentium, -i 2 n.	*silence*
silva, -ae 1 f.	*wood*
simulac	*as soon as*

sine + ablative	*without*
socius, -i 2 m.	*ally*
sol, solis 3 m.	*sun*
soleo, -ere 2	*be accustomed*
sollicitus, -a -um	*worried*
solus, -a, -um	*alone*
somnus, -i 2 m.	*sleep* (noun)
soror, sororis 3 f.	*sister*
specto, -are, -avi, -atum 1	*look at, watch*
spero, -are, -avi, -atum 1	*hope* (verb)
spes, spei 5 f.	*hope* (noun)
statim	*immediately*
stet-	see *sto*
sto, -are, steti, statum 1	*stand*
sub + ablative	*under*
subito	*suddenly*
sum, esse, fui irreg.	*be*
summus, -a, -um	*highest, utmost, top of*
super + accusative	*above*
superbus, -a, -um	*arrogant, proud*
supero, -are, -avi, -atum 1	*overcome*
surgo, -ere, surrexi, surrectum 3	*rise up*
surrex-	see *surgo*
suus, -a, -um	*his, her, their own*
taceo, -ere, tacui 2	*be silent*
talis, -is, -e	*such, of such a kind*
tam	*so*
tamen	*however*
tandem	*at last*
tantus, -a, -um	*so big, so great*
taurus, -i 2 m.	*bull*
telum, -i 2 n.	*javelin, spear*
tempestas, tempestatis 3 f.	*storm*
templum, -i 2 n.	*temple*
teneo, -ere, tenui, tentum 2	*hold*
terra, -ae 1 f.	*land*
terreo, -ere, terrui, territum 2	*frighten*
tertius, -a, -um	*third*
timeo, -ere, timui 2	*be afraid of, fear*
tot	*so many*
totiens	*so many times, so often*
totus, -a, -um	*whole*

trado, -ere, tradidi, traditum 3	*hand over*
trans + accusative	*across*
transeo, transire, transii, transitum (irreg.)	*cross*
tredecim	*thirteen*
tres	*three*
triginta	*thirty*
tristis, -is, -e	*sad*
tu	*you* (singular)
tul-	see *fero*
tum	*then*
tumultus, -us 4 m.	*uproar*
turba, -ae 1 f.	*crowd*
tutus, -a, -um	*safe*
tuus, -a, -um	*your* (singular)
ubi	*when*
ubi?	*where?*
ultimus, -a , -um	*last, final*
una	*together*
unda, -ae 1 f.	*wave*
unde	*where from*
undecim	*eleven*
undeviginti	*nineteen*
unus	*one*
urbs, urbis 3 f.	*city*
ut + indicative	*as, when*
ut + subjunctive	*to* (= in order to)
utrum... an...	*whether... or...*
utrum... necne	*whether... or not*
uxor, uxoris 3 f.	*wife*
validus, -a, -um	*strong*
velle	present infinitive of *volo*
vellus, velleris 3 n.	*fleece*
venio, -ire, veni, ventum 4	*come*
ventus, -i 2 m.	*wind*
verbum, -i 2 n.	*word*
vereor, vereri, veritus 2	*fear*
vester, vestra, vestrum	*your* (plural)
vestes, vestium 3 f. pl.	*clothing*
vetus, veteris	*old*
via, -ae 1 f.	*road, street*

vict-	see *vinco*
video, -ere, vidi, visum 2	*see*
videor, videri, visus 2	*seem*
viginti	*twenty*
villa, -ae 1 f.	*villa*
vinco, -ere, vici, victum 3	*beat, conquer, defeat*
vinum, -i 2 n.	*wine*
vir, viri 2 m.	*man*
virtus, virtutis 3 f.	*courage*
vivus, -a, -um	*alive*
voco, -are, -avi, -atum 1	*call*
volo, velle, volui (irreg.)	*wish, want*
vos	*you* (plural)
vox, vocis 3 f.	*voice*
vulnero, -are, -avi, -atum 1	*wound* (verb)
vulnus, vulneris 3 n.	*wound* (noun)

Vocabulary: English-Latin

(open question)	-ne?
abandon	relinquo, -ere, reliqui, relictum 3
about	de + ablative
above	super + accusative
across	trans + accusative
advance	progredior, progredi, progressus 3½
affair	res, rei 5 f.
after (preposition)	post + accusative
after (conjunction)	postquam
again	iterum
against	contra + accusative
alive	vivus, -a, -um
all	omnis, -is, -e
ally	socius, -i 2 m.
almost	paene
alone	solus, -a, -um
along	per + accusative
already	iam
also	quoque; etiam
although	quamquam
always	semper
amazed	attonitus, -a, -um
amazed at, be	miror, mirari, miratus 1
among	inter + accusative
and	et; -que
and… not	nec, neque
and so	itaque
anger	ira, -ae 1 f.
angry	iratus, -a, -um
animal	animal, animalis 3 n.
announce	nuntio, -are, -avi, -atum 1
answer	respondeo, -ere, respondi, responsum 2
approach	appropinquo, -are, -avi, -atum 1
armed	armatus, -a, -um
arms	arma, armorum 2 n. pl.
army	exercitus, -us 4 m.
arise	orior, oriri, ortus 4
around	circum + accusative
arrival	adventus, -us 4 m.
arrive	advenio, -ire, adveni, adventum 4; pervenio, -ire, perveni, perventum + ad +

	accusative 4
arrogant	superbus, -a, -um
arrow	sagitta, -ae 1 f.
as	ut + indicative
as… as possible	quam + superlative
ask, ask for	rogo, -are, -avi, -atum 1
as quickly as possible	quam celerrime
as soon as	simulac
at first	primo
at last	tandem
attack	oppugno, -are, -avi, -atum 1
attack (a person)	aggredior, aggredi, aggressus 3½
bad	malus, -a, -um
bank (of river)	ripa, -ae 1 f.
battle	proelium, -i 2 n.
be	sum, esse, fui irreg.
be able	possum, posse, potui (irreg.)
be accustomed to	soleo, -ere 2
be afraid of	timeo, -ere, timui 2
beat	vinco, -ere, vici, victum 3
be away, be absent	absum, abesse, afui (irreg.)
be happy	gaudeo, -ere 2
be present	adsum, adesse, adfui (irreg.)
be silent	taceo, -ere, tacui 2
be wrong	erro, -are, -avi, -atum 1
beautiful	pulcher, pulchra, pulchrum
because	quod
because of	propter + accusative
become	fio, fieri, factus (irreg.)
bed	lectus, -i 2 m.
bedroom	cubiculum, -i 2 n.
before (adverb)	antea
before (conjunction)	antequam
before (preposition)	ante + accusative
beg	oro, -are, -avi, -atum 1
beggar	mendicus, -i 2 m.
begin	incipio, -ere, incepi, inceptum 3½
believe	credo, -ere, credidi + dative 3
between	inter + accusative
big	magnus, -a, -um
bit	pars, partis 3 f.
body	corpus, corporis 3 n.
bold	audax, audacis

book	liber, libri 2 m.
both... and...	et... et...
boy	puer, pueri 2 m.
brave	fortis, -is, -e
bravely	fortiter
break	frango, -ere, fregi, fractum 3
bright	clarus, -a, -um
bring	fero, ferre, tuli, latum (irreg.)
bring back	refero, referre, rettuli, relatum (irreg.)
bring down	defero, deferre, detuli, delatum (irreg.)
brother	frater, fratris 3 m.
build	aedifico, -are, -avi, -atum 1
bull	taurus, -i 2 m.
burn	incendo, -ere, incendi, incensum 3
but	sed
by	a/ab + ablative
by chance	forte
call	voco, -are, -avi, -atum 1
call (= name)	appello, -are, -avi, -atum 1
call together	convoco, -are, -avi, -atum 1
can	possum, posse, potui (irreg.)
capture	capio, -ere, cepi, captum 3½
carry	porto, -are, -avi, -atum 1; fero, ferre, tuli, latum (irreg.)
carry away	aufero, auferre, abstuli, ablatum (irreg.)
carry back	refero, referre, rettuli, relatum (irreg.)
catch sight of	conspicio, -ere, conspexi, conspectum 3½
certain, a	quidam, quaedam, quoddam
change	muto, -are, -avi, -atum 1
charge	ruo, -ere, rui, rutum 3
chieftain	princeps, principis 3 m.
choose	lego, -ere, legi, lectum 3; eligo, -ere, elegi, electum 3
citizen	civis, civis 3 m.
city	urbs, urbis 3 f.
clear	clarus, -a, -um
climb up	ascendo, -ere, ascendi, ascensum 3
clothing	vestes, vestium 3 f. pl.
collect	colligo, -ere, collegi, collectum 3
come	venio, -ire, veni, ventum 4
come to, reach	pervenio, -ire, perveni, perventum + ad + accusative 4

commit (a crime)	admitto, -ere, admisi, admissum 3
companion	comes, comitis 3 m./f.
complete	conficio, -ere, confeci, confectum 3½
conquer	vinco, -ere, vici, victum 3
country	patria, -ae 1 f.; rus, ruris 3 n.
courage	virtus, virtutis 3 f.
crime	facinus, facinoris 3 n.
cross	transeo, transire, transii, transitum (irreg.)
crowd	turba, -ae 1 f.
cruel	crudelis, -is, -e
cry	fleo, -ere, flevi 2
danger	periculum, -i 2 n.
dangerous	periculosus, -a, -um
daring	audax, audacis
daughter	filia, -ae 1 f.
day	dies, diei 5 m.
day, next, on the	postridie
dead	mortuus, -a, -um
dear	carus, -a, -um
death	mors, mortis 3 f.
decide	constituo, -ere, constitui, constitutum 3
deed (wicked)	facinus, facinoris 3 n.
deep	altus, -a, -um
defeat	vinco, -ere, vici, victum 3
defend	defendo, -ere, defendi, defensum 3
delay (noun)	mora, -ae 1 f.
delay (verb)	moror, morari, moratus 1
depart	discedo, -ere, discessi, discessum 3
desire	cupio, -ere, cupivi, cupitum 3½
despair	despero, -are, desperavi, desperatum 1
destroy	deleo, -ere, delevi, deletum 2
die	morior, mori, mortuus 3½
difficult	difficilis, -is, -e
dinner	cena, -ae 1 f.
do	facio, -ere, feci, factum 3½; ago, -ere, egi, actum 3
do not...!	noli, nolite + infinitive
doorway	limen, liminis 3 n.
down from	de + ablative
drink	bibo, -ere, bibi 3
drive	pello, -ere, pepuli, pulsum 3
drive out	expello, -ere, expuli, expulsum 3

drug	medicamentum, -i 2 n.
easily	facile
easy	facilis, -is, -e
eat	consumo, -ere, consumpsi, consumptum 3
eight	octo
eighteen	duodeviginti
eighth	octavus, -a, -um
eighty	octoginta
eleven	undecim
encourage	hortor, hortari, hortatus 1
end	finis, finis 3 m.
enemy	hostes, hostium 3 m. pl.
enter	intro, -are, -avi, -atum 1; ingredior, ingredi, ingressus 3½
escape (noun)	fuga, -ae 1 f.
escape (verb)	effugio, -ere, effugi 3½
even	etiam
everyone	omnes
everything	omnia
faith	fides, fidei 5 f.
fall	cado, -ere, cecidi, casum 3
famous	clarus, -a, -um
far off	procul
farmer	agricola, -ae 1 m.
father	pater, patris 3 m.
fear	timeo, -ere, timui 2; vereor, vereri, veritus 2
few	pauci, -ae, -a
field	ager, agri 2 m.
fifteen	quindecim
fifth	quintus, -a, -um
fifty	quinquaginta
fight	pugno, -are, -avi, -atum 1
fighter	pugnator, pugnatoris 3 m.
final	ultimus, -a -um
finally	postremo
find	invenio, -ire, inveni, inventum 4
find out	cognosco, -ere, cognovi, cognitum 3
fire	ignis, ignis 3 m.
first	primus, -a, -um
firstly	primo
five	quinque
flee	fugio, -ere, fugi 3½

fleece	vellus, velleris 3 n.
follow	sequor, sequi, secutus 3
food	cibus, -i 2 m.
for	nam; pro + ablative
for a long time	diu
force	cogo, -ere, coegi, coactum 3
forces	copiae, copiarum 1 f. pl.
forget	obliviscor, oblivisci, oblitus + genitive 3
fortunate	felix, felicis
forty	quadraginta
four	quattuor
fourteen	quattuordecim
fourth	quartus, -a, -um
friend	amicus, -i 2 m.
frighten	terreo, -ere, terrui, territum 2
frightened	perterritus, -a, -um
from	a/ab + ablative
from there	inde
general	dux, ducis 3 m.
gift	donum, -i 2 n.
girl	puella, -ae 1 f.
give	do, -dare, dedi, datum 1
give up hope	despero, -are, desperavi, desperatum 1
gladly	libenter
go	eo, ire, ii/ivi, itum (irreg.)
go across	transeo, transire, transii, transitum (irreg.)
go back	redeo, redire, redii, reditum (irreg.); regredior, regredi, regressus 3½
go in	ineo, inire, inii, initum (irreg.); ingredior, ingredi, ingressus 3½
go out	exeo, exire, exii, exitum (irreg.); egredior, egredi, egressus 3½
go towards	adeo, adire, adii, aditum (irreg.)
god	deus, dei 2 m.
goddess	dea, -ae 1 f.
go forward	progredior, progredi, progressus 3½
gold	aurum, -i 2 n.
golden	aureus, -a, -um
good	bonus, -a, -um
great	magnus, -a -um
greatly	magnopere
Greek	Graecus, -a, -um
greet	saluto, -are, -avi, -atum 1

grief	dolor, doloris 3 m.
guard (noun)	custos, custodis 3 m.
guard (verb)	custodio, -ire, custodivi, custoditum 4
hand	manus, -us 4 f.
hand over	trado, -ere, tradidi, traditum 3
handsome	pulcher, pulchra, pulchrum
happen	fio, fieri, factus (irreg.)
happens/happened, it	accidit
happy	laetus, -a, -um
harbour	portus, -us 4 m.
have	habeo, -ere, habui, habitum 2
have to	debeo, -ere, debui, debitum 2
he said	inquit
he, she, it	is, ea, id
head	caput, capitis 3 n.
hear	audio, -ire, -ivi, -itum 4
help (noun)	auxilium, -i n.
help (verb)	iuvo, -are, iuvi, iutum 1
her own	suus, -a, -um
here	hic
(to) here	huc
herself	se
hide	celo, -are, celavi, celatum 1
high	altus, -a, -um
highest	summus, -a, -um
himself	se
his own	suus, -a, -um
hold	teneo, -ere, tenui, tentum 2
home	domus, -us 4 f.
homeland	patria, -ae 1 f.
honour	honor, honoris 3 m.
hope (noun)	spes, spei 5 f.
hope (verb)	spero, -are, -avi, -atum 1
hope, give up	despero, -are, desperavi, desperatum 1
horse	equus, -i 2 m.
hour	hora, -ae 1 f.
house	domus, -us 4 f.
however	autem; tamen
huge	ingens, ingentis
hundred	centum
hurry	festino, -are, -avi, -atum 1; contendo,

	-ere, contendi 3
husband	coniunx, coniugis 3 m.; maritus, -i 2 m.
I	ego
if	si
if… not…	nisi
immediately	statim
in	in + ablative
indeed	quidem
inform	certiorem facio, -ere, feci, factum 3½
in order not to	ne + subjunctive
in order to	ut + subjunctive
in such a way	ita
intend	in animo habeo, -ere, habui, habitum 2
in vain	frustra
inhabitant	incola, -ae 1 m./f.
into	in + accusative
island	insula, -ae 1 f.
it happens/happened	accidit
javelin	telum, -i 2 n.
join	iungo, -ere, iunxi, iunctum 3
journey	iter, itineris 3 n.
kill	neco, -are, -avi, -atum 1; occido, -ere, occidi, occisum 3; interficio, -ere, interfeci, interfectum 3½
king	rex, regis 3 m.
kingdom	regnum, -i 2 n.
know	scio, -ire, scivi, scitum 4
land	terra, -ae 1 f.
last	ultimus, -a , -um
later	postea
laugh	rideo, -ere, risi, risum 2
lead	duco, -ere, duxi, ductum 3
lead back	reduco, -ere, reduxi, reductum 3
leader	dux, ducis 3 m.
learn	disco, -ere, didici 3
leave (= depart)	discedo, -ere, discessi, discessum 3
leave (= go out)	egredior, egredi, egressus 3½
leave behind	relinquo, -ere, reliqui, relictum 3
light	lux, lucis 3 f.
like	amo, -are, -avi, -atum 1

listen to	audio, -ire, -ivi, -itum 4
little	parvus, -a, -um
live	habito, -are, -avi, -atum 1
long	longus, -a, -um
look after	curo, -are, -avi, -atum 1
look at	specto, -are, -avi, -atum 1
look for	peto, -ere, petivi, petitum 3
lose	amitto, -ere, amisi, amissum 3
love	amo, -are, -avi, -atum 1
lucky	felix, felicis
maidservant	ancilla, -ae 1 f.
make	facio, -ere, feci, factum 3½
man	vir, viri 2 m.; homo, hominis 3 m./f.
many	multi, multae, multa (plural)
march	contendo, -ere, contendi 3
master	dominus, -i 2 m.
master (teacher)	magister, -tri 2 m.
meanwhile	interea
meet	convenio, -ire, -veni, -ventum 4
messenger	nuntius, -i 2 m.
middle of	medius, -a, -um
mind	animus, -i 2 m.
money	pecunia, -ae 1 f.
monster	monstrum, -i 2 n.
mother	mater, matris 3 f.
mountain	mons, montis 3 m.
move	moveo, -ere, movi, motum 2
much	multus, -a, -um
must	debeo, -ere, debui, debitum 2
my	meus, -a, -um
name (noun)	nomen, nominis 3 n.
name (verb)	appello, -are, appellavi, appellatum 1
near	prope + accusative
never	numquam
new	novus, -a, -um
next	inde
next day, on the	postridie
night	nox, noctis 3 f.
nine	novem
nineteen	undeviginti
ninety	nonaginta
ninth	nonus, -a, -um

noble	nobilis, -is, -e
no	nullus, -a, -um
no-one	nemo
nor	nec, neque
not	non
not at all	haud
nothing	nihil
notice	animadverto, -ere, -verti, -versum 3
not know	nescio, -ire, nescivi, nescitum 4
not want	nolo, nolle, nolui (irreg.)
now	iam; nunc
number	numerus, -i 2 m.
often	saepe
old	vetus, veteris
old man	senex, senis 3 m.
old woman	anus, anus 4 f.
on	in + ablative
on account of	propter + accusative
once (upon a time)	olim
one	unus
one (of two)	alter, altera, alterum
only	modo
on the next day	postridie
or	aut
order	iubeo, -ere, iussi, iussum 2; impero, -are, -avi + dative 1
other	alius
other, the (of two)	alter, altera, alterum
ought to	debeo, -ere, debui, debitum 2
our	noster, nostra, nostrum
out of	e/ex + ablative
overcome	supero, -are, -avi, -atum 1
overwhelm	opprimo, -ere, oppressi, oppressum 3
pain	dolor, doloris 3 m.
palace	regia, -ae 1 f.
parent	parens, parentis 3 m./f.
part	pars, partis 3 f.
perish	pereo, perire, perii (irreg.)
person	homo, hominis 3 m./f.
persuade	persuadeo, -ere, persuasi + dative 2
place	locus, -i 2 m.
play	ludo, -ere, lusi, lusum 3

please	placeo, -ere, placui + dative 2
poet	poeta, -ae 1 m.
poor	pauper, pauperis
praise	laudo, -are, -avi, -atum 1
pray to	precor, precari, precatus 1
prepare	paro, -are, -avi, -atum 1
previously	antea
prize	praemium, -i 2 n.
promise (noun)	fides, fidei 5 f.
promise (verb)	promitto, -ere, promisi, promissum 3
protect	protego, -ere, protexi, protectum 3
proud	superbus, -a, -um
punish	punio, -ire, -ivi, -itum 4
pupil	discipulus, -i 2 m.
put	pono, -ere, posui, positum 3
put down	depono, -ere, deposui, depositum 3
queen	regina, -ae 1 f.
quick	celer, celeris, celere
quickly	celeriter
quickly as possible, as	quam celerrime
race	gens, gentis 3 f.
reach, come to	pervenio, -ire, perveni, perventum + ad + accusative 4
read	lego, -ere, legi, lectum 3
really	re vera
receive	accipio, -ere, accepi, acceptum 3½
recently	nuper
rejoice	gaudeo, -ere 2
remain	maneo, -ere, mansi, mansum 2
return	redeo, redire, redii, reditum (irreg.); regredior, regredi, regressus 3½
reward	praemium, -i 2 n.
rich	dives, divitis
riches	divitiae, -arum 1 f. pl.
rise up	surgo, -ere, surrexi, surrectum 3
river	flumen, fluminis 3 n.
riverbank	ripa, -ae 1 f.
road	via, -ae 1 f.
Roman	Romanus, -a, -um
rule	rego, -ere, rexi, rectum 3
run	curro, -ere, cucurri, cursum 3

sacred	sacer, sacra, sacrum
sacrifice	sacrificium, -i 2 n.
sad	tristis, -is, -e
safe	tutus, -a, -um
sail	navigo, -are, -avi, -atum 1
sailor	nauta, -ae 1 f.
same	idem, eadem, idem
savage	saevus, -a, -um
save	servo, -are, -avi, -atum 1
say	dico, -ere, dixi, dictum 3
sea	mare, maris 3 n.
second	secundus, -a, -um
see	video, -ere, vidi, visum 2
seek	peto, -ere, petivi, petitum 3
seem	videor, videri, visus 2
seize	occupo, -are, -avi, -atum 1
-self	ipse, ipsa, ipsum
send	mitto, -ere, misi, missum 3
serious	gravis, -is, -e
set (of the sun)	occido, -ere, occidi, occasum 3
set fire to	incendo, -ere, incendi, incensum 3
set free	libero, -are, -avi, -atum 1
set out	proficiscor, proficisci, profectus 3
seven	septem
seventeen	septendecim
seventh	septimus, -a, -um
seventy	septuaginta
several	complures
she said	inquit
shield	scutum, -i 2 n.
ship	navis, navis 3 f.
shore	ora, -ae 1 f.; litus, litoris 3 n.
shout (noun)	clamor, clamoris 3 m.
shout (verb)	clamo, -are, -avi, -atum 1
show	ostendo, -ere, ostendi, ostentum 3
silence	silentium, -i 2 n.
silent, be	taceo, -ere, tacui 2
since	cum + subjunctive
sing	canto, -are, -avi, -atum 1
sister	soror, sororis 3 f.
sit	sedeo, -ere, sedi, sessum 2
six	sex
sixteen	sedecim

sixth	sextus, -a, -um
sixty	sexaginta
sky	caelum, -i 2 n.
slave	servus, -i 2 m.
sleep (noun)	somnus, -i 2 m.
sleep (verb)	dormio, -ire, dormivi, dormitum 4
slowly	lente
small	parvus, -a, -um
snake	serpens, serpentis 3 m.
snatch	rapio, -ere, rapui, raptum 3½
so	tam
so big, so great	tantus, -a, -um
soldier	miles, militis 3 m.
so many	tot
so many times	tot
son	filius, -i 2 m.
so often	totiens
soon	mox
sorrow	dolor, doloris 3 m.
sow	sero, -ere, serui, sertum 3
speak	loquor, loqui, locutus 3
spear	hasta, -ae 1 f.; telum, -i 2 n.
speed	celeritas, celeritatis 3 f.
stand	sto, -are, steti, statum 1
stay	maneo, -ere, mansi, mansum 2
storm	tempestas, tempestatis 3 f.
stranger	advena, -ae 1 f.
street	via, -ae 1 f.
strong	validus, -a, -um
suddenly	subito
such	talis, -is, -e
suffer	patior, pati, passus 3½
suitor	procus, -i 2 m.
summon	arcesso, -ere, arcessivi, arcessitum 3
sun	sol, solis 3 m.
surely?	*use* nonne
surely… not?	*use* num
sword	gladius, -i 2 m.
take	capio, -ere, cepi, captum 3½
take away	aufero, auferre, abstuli, ablatum (irreg.)
take back	refero, referre, rettuli, relatum (irreg.)
take down	defero, deferre, detuli, delatum (irreg.)
tame	domo, -are, domui, domitum 1

task	opus, operis 3 n.; labor, laboris 3 m.
teach	doceo, -ere, docui, doctum 2
teacher	magister, -tri 2 m.
tell	narro, -are, -avi, -atum 1
temple	templum, -i 2 n.
ten	decem
tenth	decimus, -a, -um
test	experior, experiri, expertus 4
than	quam
thank	gratias ago, -ere, egi, actum + dative 3
that	ille, illa, illud
that (fear clause)	ne + subjunctive
the rest of	ceteri, -ae, -a
their own	suus, -a, -um
themselves	se
then	tum
then, next	deinde
there	ibi
therefore	igitur
the same	idem, eadem, idem
thing	res, rei 5 f.
think	cogito, -are, cogitavi, cogitatum 1; reor, reri ratus 2; puto, -are, -avi, -tum 1
third	tertius, -a, -um
thirteen	tredecim
thirty	triginta
this	hic, haec, hoc
thousand	mille
three	tres
through	per + accusative
throw	iacio, -ere, ieci, iactum 3½
thus	sic
tired	fessus, -a, -um
to (= towards)	ad + accusative
to (= in order to)	ut + subjunctive
today	hodie
together	una
tomorrow	cras
tooth	dens, dentis 3 m.
top of	summus, -a, -um
towards	ad + accusative
town	oppidum, -i 2 n.

travel	iter facio, -ere, feci, factum 3½
treacherous	perfidus, -a, -um
tree	arbor, arboris 3 f.
tribe	gens, gentis 3 f.
troops	copiae, copiarum 1 f. pl.
trust	credo, -ere, credidi + dative 3
try	conor, conari, conatus 1
twelve	duodecim
twenty	viginti
two	duo
under	sub + ablative
unwilling(ly)	invitus, -a -um
uproar	tumultus, -us 4 m.
utmost	summus, -a, -um
villa	villa, -ae 1 f.
voice	vox, vocis 3 f.
wage war	bellum gero, -ere, gessi, gestum 3
wait, wait for	exspecto, -are, -avi, -atum 1
walk	ambulo, -are, -avi, -atum 1
wall	murus, -i 2 m.
wander	erro, -are, -avi, -atum 1
want	cupio, -ere, cupivi, cupitum 3½; volo, velle, volui (irreg.)
war	bellum, -i 2 n.
warn	moneo, -ere, monui, monitum 2
watch	specto, -are, -avi, -atum 1
water	aqua, -ae 1 f.
wave	unda, -ae 1 f.
way	modus, -i 2 m.
we	nos
wealth	divitiae, -arum 1 f. pl.
weapons	arma, armorum 2 n. pl.
wear	gero, -ere, gessi, gestum 3
well	bene
well known	notus, -a, -um
what?	quid?
when	ubi
where?	ubi?
where from	unde
where to	quo
whether	num

whether... or...	utrum... an...
whether... or not	utrum... necne
while	dum; cum + subjunctive
who?	quis?
who, which	qui, quae, quod
whole	totus, -a, -um
why?	cur?
wicked	malus, -a, -um
wicked deed	facinus, facinoris 3 n.
wife	uxor, uxoris 3 f.; coniunx, coniugis 3 m./f.
willingly	libenter
wind	ventus, -i 2 m.
wine	vinum, -i 2 n.
wise	sapiens, sapientis
with	cum + ablative
without	sine + ablative
woman	femina, -ae 1 f.; mulier, mulieris 3 f.
wood	silva, -ae 1 f.
word	verbum, -i 2 n.
work (noun)	labor, laboris 3 m.
work (verb)	laboro, -are, -avi, -atum 1
worried	sollicitus, -a -um
wound (noun)	vulnus, vulneris 3 n.
wound (verb)	vulnero, -are, -avi, -atum 1
wretched	miser, -era, -erum
write	scribo, -ere, scripsi, scriptum 3
year	annus, -i 2 m.
yesterday	heri
you (plural)	vos
you (singular)	tu
young man	iuvenis, iuvenis 3 m.
your (plural)	vester, vestra, vestrum
your (singular)	tuus, -a, -um